Poemas en prosa
Poemas humanos
España, aparta de mí
este cáliz

Letras Hispánicas

César Vallejo

Poemas en prosa
Poemas humanos
España, aparta de mí este cáliz

Edición de Julio Vélez

QUINTA EDICIÓN

CATEDRA

LETRAS HISPANICAS

© Ediciones Cátedra (Grupo Anaya, S. A.), 2000
Juan Ignacio Luca de Tena, 15. 28027 Madrid
Depósito legal: M. 16.261-2000
ISBN: 84-376-0731-0
Printed in Spain
Impreso en Anzos, S. L.
Fuenlabrada (Madrid)

Índice

[POEMAS HUMANOS]

ESPAÑA, APARTA DE MÍ ESTE CÁLIZ

Introducción

Vallejianamente: a Georgette de Vallejo; a Juan Larrea.

Para Alicia: Odumodneurtsemente.

César Vallejo en Francia, 1929.

Del modernismo a «La cólera de los mozos»

Nacido en Santiago de Chuco en 1892[1], César Vallejo muere en París el 15 de abril de 1938[2], profundamente preocupado por los acontecimientos de la Guerra Civil española. En su lecho de muerte repite en plena agonía: «España, me voy a España»[3]. Meses antes había escrito *España, aparta de mí este cáliz, (EspAC);* publicado tras la muerte del autor[4]; veinte años más tarde que su primer libro, *Los Heraldos Negros, (HN).*

Aunque impreso en 1919, Vallejo da por concluida la redacción definitiva de *HN* un año antes. Inmerso en las consecuencias últimas y directas del modernismo, este libro, sin embargo, posee todas las características de un libro de transición. En él encontramos dos mundos y dos lenguajes

---

[1] Aunque en el pasaporte de Vallejo figura 1894 como fecha de nacimiento ha quedado suficientemente probado que fue en 1892. Cfr. Georgette de Vallejo, *César Vallejo. Obras Completas,* Barcelona, Laia, 1977, III, págs. 256-26

[2] Murió el mismo día que una división al mando del General Alonso Vega tomó Vinaroz, partiéndose en dos la España Republicana, iniciándose el último periodo de la Guerra Civil. Cfr. Manuel Tuñón de Lara, *La España del Siglo XX,* Barcelona, Laia, 1966, III, págs. 739-746.

[3] Sus últimas palabras fueron «Palais Royale». Afirma su viuda, sin embargo, la veracidad de las referidas en el texto. Cfr. Georgette de Vallejo, *op. cit.,* pág. 203.

[4] Para un conocimiento detallado de esta edición que siempre se consideró perdida, cfr. Julio Vélez y Antonio Merino, *España en César Vallejo,* Madrid, Fundamentos, 1984, págs. 141-147.

distinto. Uno directamente heredado del simbolismo y el modernismo, y otro propio y personal. De estos dos cosmos poéticos, el que hace referencia al modernismo queda, en términos generales, iniciado y concluido en el libro, aunque con matices; el otro, perdurará en toda su obra. No es justo, a pesar de ello, infravalorar la influencia modernista en Vallejo. Esta influencia la encontramos ya desde el mismo título y es posible localizarla en no pocos poemas del libro, aunque sea en contra del propio poeta.

Por confesión a su amigo de juventud, Juan Espejo Asturrizaga, sabemos que se dolía

> de haber incluido en su primer libro poemas que no pertenecían a su propia cosecha[5].

Sin embargo, profesará una admiración constante hacia Darío y la influencia de Herrera y Reissig tendrá una continuación en su obra posterior. Darío será contrapuesto a sus epígonos en *HN,* considerados como «brujos azules»:

> Dios mío, eres piadoso, porque diste esta nave,
> donde hacen estos brujos azules sus oficios.
> Darío de las Américas celestes ¡Tal ellos se parecen
> a tí! Y de tus trenzas fabrican sus cilicios.[6]

Esta nave, considerada «sagrada» en la primera estrofa, no es otra que la poesía. Y en ella el poeta considera que Darío «pasa con su lira enlutada»[7], aludiendo a su muerte acaecida en 1916. Mas los modernistas seguidores, son considerados en el poema «arciprestes vagos del corazón» que de las «trenzas» de Darío fabrican «cilicios». Dios y Darío, considerados uno, son «acosados» por «ánimas que buscan entierros de oro absurdo»[8]. La crítica a los epígonos será siempre contrarrestada por la admiración hacia Darío:

---

[5] *Apud.* Américo Ferrari, *Obra Poética Completa,* Madrid, Alianza, 1982, pág. 11.
[6] «Retablo»
[7] *Ibídem..*
[8] *Ibídem..*

De la generación que nos precede no tenemos, pues, nada que esperar. Ella es un fracaso para nosotros y para todos los tiempos.

Si nuestra generación logra abrirse camino, su obra aplastará a la anterior. Entonces, la historia de la literatura española saltará sobre los últimos treinta años, como sobre un abismo. Rubén Darío llevará su gran voz inmortal sobre la orilla opuesta, y de esta obra, la juventud sabrá lo que responder.[9]

Esta generación que según Vallejo acosa a la poesía con «tules de éter y azabaches dormidos»[10], está en clara contraposición con sus ideas, mucho más cercana en sus intenciones, aunque no en sus resultados, a las expuestas por Antonio Machado:

Yo también admiraba al autor de *Prosas Profanas,* el maestro incomparable de la forma y la sensación, que más tarde nos reveló la hondura de su alma en *Cantos de Vida y Esperanza.* Pero yo pretendí [...] seguir otro camino bien distinto.

Pensaba yo que el elemento poético no era la palabra por su valor fónico, ni el color, ni la línea, ni un complejo de sensaciones, sino una honda palpitación del espíritu[11].

«Honda palpitación» tan cercana y similar a la estética vallejiana. Sin duda en Vallejo siempre encontraremos una búsqueda de intencionalidad similar en toda su obra[12].

Crítico con toda la producción literaria hispanoamericana posterior a la colonización española, dirá que:

[...] salvo Rubén Darío, el cósmico, se diferencia poco o casi nada de la producción exclusivamente española[13].

---

[9] «Estado de la Literatura Hispanoamericana», en *Favorables París Poema,* julio, 1926, núm. 1, págs. 7-8. Junto a este artículo Vallejo publica su poema «Me estoy riendo».

[10] «Retablo».

[11] Antonio Machado, *Soledades, galerías y otros poemas,* Madrid, 1911.

[12] Cfr. «Poesía Nueva» en Vélez y Merino *op. cit.,* I, págs. 79-80.

[13] «Una gran reunión latinoamericana», en *Mundial,* 18 de marzo de 1927, núm. 353.

Esta apreciación vallejiana no deja, en efecto, de ser excesivamente categórica, a pesar de que con ella Vallejo reivindique de manera particular, aspectos demasiados olvidados por la crítica. La defensa de una çultura autóctona siempre será por él reivindicada:

> El folklore de América, [que] en los aztecas como en los incas, posee inesperadas luces de revelación para la cultura europea. En artes plásticas, en medicina, en literatura, en ciencias sociales, en lingüística, en ciencias físicas y naturales, se puede verter inusitadas sugestiones, del todo distintas al espíritu europeo. En estas obras autóctonas sí que tenemos personalidad y soberanía, y para traducirlas y hacerlas conocer no necesitamos de jefes morales ni patrones[14].

Mas la estética modernista la encontramos en otros poemas de *HN,* como en «Aldeana», «Capitulación», «Nochebuena» o «Los arrieros», y, desde luego también, aunque frontalmente atacada junto con el simbolismo y otros «ismos», en *Trilce, (T)*[15].

. Vallejo, a diferencia de los modernistas, no rechaza ningún elemento por ser antipoético. Entiende que si el poeta quiere trasmitir todas sus vivencias humanas, no puede eliminar de antemano ningún término por «no poético». Al contrario, cualquier palabra en el contexto adecuado puede mostrar sus resonancias poéticas. Todas tienen valor para el poeta. Como matiza Keith A. McDuffie:

> Toda palabra, aun la más cotidiana o prosaica, puede ser poética si traduce la emoción del poeta, es decir, si se hace sensibilidad poética[16].

Mas, si en *HN* hay dos lenguajes, sólo hay una estética dominante, y ésta es la modernista. En el primer poema

---

[14] Art. cit.
[15] «XXXII», «XXXVI», «XLV», «LV», «LXIV» y «LXXVII».
[16] Keith A. McDuffie, «Babel y lo babilónico» en *Aproximaciones a César Vallejo,* Nueva York, Las Américas, 1971, pág. 60 (coordinador, Ángel Flores).

del libro, que además le da título, esta estética de base es bastante evidente. En este poema se encuentran resonancias darianas en versos como «los potros de bárbaros atilas», o en los «Cristos del alma». Sin embargo, estos versos están contrapuestos a las reiteraciones subjetivas de «Yo no sé, yo no sé» y a imágenes realistas como «esos golpes sangrientos son las crepitaciones/ de algún pan que en la puerta del horno se nos quema.» Versos a los que dedicaré unas líneas por su especial significación. Ellos provocaron el sarcasmo de Luis Astrana Marín en la «crítica» que hizo de *HN,* contestada debidamente con hilaridad por César Vallejo[17]. Decía Astrana Marín:

> [...] Un poeta metido a panadero, a quien se le quema el pan a la puerta del horno no se le ve todos los días [...]. La cuestión es ser original, huir de los tópicos y frases de segunda mano [...].
> El verdadero pan lo trae en las alforjas don César Vallejo. Eso es meterse en harina: eso es pan tostado, puesto que se quema en la puerta del horno [...]. Y nadie piense que, pues dice tiene los ojos locos, es que todo lo vivido ha sido en Ciempozuelos[18].

Estos versos, en su primera redacción, eran algo más modernistas: «son esos rudos golpes de explosiones súbitas/ de alguna almohada de oro que hunde un sol maligno» para más tarde, tomar la versión definitiva que conocemos, en la que por primera vez aparece *pan,* que al incidir de nuevo en «La de a mil», «Enereida», «La cena miserable» y «El pan nuestro», poemas todos de *HN,* nos hacen pensar que en la poética vallejiana tiene una especial importancia. Reaparecido de nuevo en *T* («XXIII», «XXVIII», «XXXIX», «XLVI», «L», «LVI» y «LVIII»), al igual que

[17] «Entre Francia y España, en *Mundial,* 1 de enero de 1926, número 290. Éste es el primero de los artículos de Vallejo sobre España. Cfr. Vélez y Merino, *op. cit.,* II, págs. 9-11 y 48-53.
[18] Luis Astrana Marín, «Los Heraldos Negros», en *El Imparcial,* Madrid, 20 de septiembre de 1925.

en *[Poemas Humanos]* (*[PH]*) *y EspAC,* nos permite concluir que podemos considerarlo como un símbolo constante[19] en el universo simbólico de Vallejo.

Entre la primera versión de estos versos, leídos el 10 de junio de 1917 en casa del pintor Macedonio de la Torre, y la definitiva de 1918 se observa una radical transición. En la primera aparece la imaginería de Herrera y Reissig («almohadas de oro fundidas por el sol maligno del destino»), mientras que en la definitiva, *pan* es involucrado por primera vez con las fuerzas del fatalismo, integrándose pues entre los símbolos de *constelación negativa* vallejianos[20]. Esta misma apreciación se encuentra en Roberto Paoli.

En efecto, Paoli considera que *pan* «es un símbolo reiterativo, casi obsesivo, en que se involucra su fatalismo»[21]. Este simbolismo iniciado en *HN* formando la pareja *pan-destino,* evoluciona a lo largo de toda su obra en una serie de mutaciones, para concluir con la aparición de elementos socio-económicos, ya en sus últimos poemas. Igualmente, Juan Larrea reincide en llamar la atención sobre este símbolo. Afirma que de las veintiséis veces que aparece «casi todas ellas [tienen] significado simbólico-trascendental»[22]. Pienso que esta profunda transformación es, posiblemente, el más claro ejemplo de dos lenguajes en *HN.* De estos dos lenguajes va a perdurar el típicamente vallejiano. O dicho al modo de Julio Ortega, «de un habla plural»[23]. Pero a pesar de todo es lícito entender que Vallejo se encuentra tan presente en *HN* como en su obra posterior y que la

---

[19] Más adelante incidiré en todos estos aspectos. Sin embargo, entiendo en Vallejo, como en cualquier poeta, la existencia de unos símbolos constantes y otros móviles o metamórficos. El estudio detallado de ellos, a su vez, nos permite una nueva subdivisión en cuanto a las *constelaciones* a las que hacen referencia. Serán éstas, pues, positivas o negativas; de odio o de amor, etc.

[20] Véase nota anterior.

[21] Roberto Paoli, *Alle origine de «Trilce»,* Verona, Palazzo Giuliani, 1966, pág.11.

[22] Cfr. Juan Larrea, en *Aula Vallejo,* 3, págs. 153-59. También, Ana María Pucciarelli, «Polimorfismo del pan», en Flores, *op. cit.,* I, págs. 122-137.

[23] Julio Ortega, «La Poética de la persona confesional», en Flores, *op. cit.,* pág. 41.

escritura de *HN* se encuentra igualmente activa en toda su producción. Desde luego su sensibilidad no variará demasiados grados[24].

En la poética de su primer libro se encuentra ya buena parte de las interrogaciones y conflictos posteriores. De entre ellas, como lo ha hecho notar Julio Ortega, adquiere una especial relevancia el «cuestionamiento del idealismo»[25]. Este cuestionamiento más tarde abocará en una salida y una defensa radical del materialismo dialéctico.

Junto a esta crítica al idealismo, también se encuentra en Vallejo la no aceptación de magisterio alguno. Negado éste incluso para sus coetáneos:

> Declaramos vacantes todos los rangos directores de España y de América. La juventud sin maestros está sola ante un futuro ruinoso y ante un futuro asaz incierto. Nuestra jornada será por eso difícil y heroica en sumo grado.
> Que esa cólera de los mozos, manifestada de hora en hora por los más fuertes y puros vanguardistas, se convierta cuanto antes en el primer sacudimiento creador[26].

Este «sacudimiento», constatable en toda su obra, es una constante estética en su pensamiento. Frente a la utilización indiscriminada y superficial de las palabras nacidas en el regazo de los adelantos científicos, Vallejo siempre optará por la sensibilidad y la emoción:

> La poesía nueva a base de palabras o de metáforas nuevas se distingue por su pedantería de novedad y, en consecuencia, por su complicación y barroquismo. La poesía nueva a base de sensibilidad nueva es, al contrario, simple y humana, y a primera vista se la tomaría por antigua o no atrae la atención sobre si es o no moderna.
> Es muy importante tomar nota de estas diferencias[27].

---

[24] Cfr., Noël Salomon; «Algunos aspectos de lo humano en Poemas Humanos» en *Ibídem,* págs. 230-234, especialmente.

[25] Julio Ortega, art. cit. en *op. cit.*

[26] «Estado de la Literatura Hispanoamericana», *op. cit.*

[27] «Poesía Nueva», *op. cit.*

A lo largo de toda su producción poética, Vallejo siempre perseguirá que su poesía sea, no sólo lexicalmente nueva, sino de manera muy especial, emocionalmente actual e inmersa en su época. Para ello utilizará una estrategia poética determinada por una constante renovación de formas y contenidos, sustentada por la creencia absoluta de que en el ser humano se conjugan, en una sistemática lucha de contrarios, multitud de sentimientos a veces contradictorios. Su poesía, al contrario, siempre será sorprendentemente coherente y clara, a pesar de su aparente hermetismo. A esta concepción poética dedicaré los dos próximos apartados.

Precisión y torsión semánticas:
La dialéctica como estrategia poética.(1)

Parte fundamental de la poética vallejiana son, sin duda, la exactitud y la torsión semánticas. Desde *T* a *EspAC* no existen cambios radicales en su concepción del poema. Hay, eso sí, una poética más reflexiva y una experiencia más amplia. El aparente hermetismo de sus versos no exige una defensa de la irracionalidad, sino la necesidad de someterse a una nueva lógica. En Vallejo no hay un rechazo del pensamiento conceptual, sino la aparición de un nuevo vínculo entre poesía y pensamiento. De esta conjunción salen beneficiados a la par tanto la reflexión como la poética. Previamente plantearé algunos de los problemas con los que se encuentra el estudioso de la poesía vallejiana posterior a *T*.

Penetrar en la producción última de Vallejo es entrar en una especie de selva, en la que para continuar adelante es necesario detenerse frecuentemente. El primer problema con el que nos encontramos consiste en que los tres libros de poemas que Vallejo escribió en estos años, son póstumos. A su muerte Vallejo dejó un orden provisional que había variado con cierta frecuencia[1]. De ahí que a mi entender, tanto *[Poemas en Prosa]* (*[PP]*), como *[PH]*, deban ser leídos más que como libros conclusos, como una colección de poemas. Para un poeta como él con libros como *HN*, *T* y *EspAC*, que responden a poéticas concretas y es-

---

[1] Cfr., Georgette de Vallejo: *op. cit.*, págs.. 205-206.

pecíficas, difícilmente hubiera publicado estas dos colecciones tal como hoy las conocemos. Vallejo revisaba y variaba de tiempo en tiempo su producción poética sin haberse decidido por su ordenación definitiva. Poemas como [En el momento en que el tenista...], [Me estoy riendo...], [He aquí que hoy saludo...] y «Lomo de las sagradas escrituras», pertenecieron a distintos libros en diferentes periodos de su vida. En la primera edición de *[PP]* [2] sólo figuraban catorce poemas, siendo más tarde añadidos cinco, hasta los diecinueve que hoy componen el volumen. De esta forma nos encontramos que el primer poema de *[PH]*, «Altura y pelos» [3] fue publicado junto con el último de *[PP]*, en *Mundial,* el 18 de noviembre de 1927. Según su viuda la no inclusión de este último, responde al propio Vallejo. Aspecto éste cuestionable si consideramos, tal como sucede, que Vallejo a su muerte sólo deja organizado como libro definitivo *EspAC.*

En *[PP]*, nos encontramos con al menos tres grandes «nebulosas» [4], como Vallejo gustaba en llamar a la función del poeta, recorriendo el volumen. A mi entender éstas podrían agruparse en los siguientes apartados:

El pasado como recuerdo, en el que se pueden incluir los poemas «El buen sentido», «La violencia de las horas» y «Lánguidamente su licor».

Reflexiones sobre la realidad y su persona con los poemas «El momento más grave de la vida», «Voy a hablar de la esperanza», «Hallazgo de la vida», «Nómina de Huesos», [Una mujer...], [No vive ya nadie...], [Algo te identifica...], [Cesa el anhelo...], [Cuatro conciencias...], [Entre

---

[2] Esta edición de 1939 (París) es un verdadero desorden, como reconoce la propia recopiladora. Georgette de Vallejo, *op. cit.,* pág. 154.

[3] En su versión original este poema se llamó «Actitud de excelencia».

[4] Escribe Vallejo: «*[...] La sensibilidad política del artista se produce, de preferencia y en su máxima autenticidad, creando inquietudes y nebulosas* políticas, más vastas que cualquier catecismo o colección de ideas expresadas y, por lo mismo, limitadas de un momento político cualquiera, y más puras que cualquier cuestionario de preocupaciones o ideales periódicos de política nacionalista o universalista.» «Los artistas ante la política», en *Mundial,* Lima, 31 de diciembre de 1927, núm. 394.

el dolor y el placer...], «Me estoy riendo», «He aquí que hoy saludo» y «Lomo de las sagradas escrituras».

Y *Gran metáfora de la vida:* [Las ventanas se han estremecido...], [Existe un mutilado...] y [En el momento que el tenista...].

Intento demostrar que si *T* o *EspAC,* pueden ser analizados individualmente y en conjunto todos sus poemas, es decir, como libros, esta metodología no es posible con *[PP].*

Con *[PH]* nos encontramos ante el mismo problema, en el que Julio Ortega[5] observa acertadamente tres poéticas distintas, representadas respectivamente por los poemas, «Primavera tuberosa», «Intensidad y altura» y [Un hombre pasa con un pan al hombro...].

Así pues, la existencia de estas múltiples «nebulosas» no incluidas por Vallejo en ningún momento como poéticas de ningún libro, no hacen más que confirmar el criterio de que estos dos volúmenes deben ser considerados como libros en gestación, de los que cabe pensar razonablemente que Vallejo hubiera excluido algunos de sus poemas, o bien hubiera continuado su elaboración[6].

En *[PP]* se agruparon finalmente diecinueve poemas escritos entre 1923 y 1929. La primera paradoja observable es que no todos estos poemas están escritos en prosa; hay siete que lo están en verso[7], y de estos siete, al menos tres, extraídos de otros libros. La primera vez que se publicaron estos poemas[8] se integraron en *[PH],* al igual que *EspAC,* a pesar de haberse publicado éste como tal libro meses antes[9].

---

[5] «Intensidad y Altura»: una poética de *Poemas humanos»,* en A. Flores, *op. cit.,* págs. 301-304.

[6] Entre otros, Jean Franco, *César Vallejo. La Dialéctica de la poesía y el silencio,* Buenos Aires, Editorial Sudamericana, 1984 (trad. Luis Justo), pág. 240.

Para un análisis detallado de las distintas versiones de *[PP],* cfr. A. Coyné en A. Flores, *op. cit.,* págs. 399-413.

[7] «Nómina de Huesos», [Cuatro conciencias...], [Entre el dolor y el placer...], [En el momento que el tenista...], [Me estoy riendo...], [He aquí que hoy saludo...] y «Lomo de las sagradas escrituras».

[8] París, Editions Presses modernes, 1939 (al cuidado de Raúl Porras Barrenechea y Georgette de Vallejo.) Véase nota 2.

[9] La primera edición, hasta hace muy poco tiempo considerada ine-

A pesar de que algunos críticos han considerado *[PP]*, como la expresión de un estado de crisis de conciencia[10], o de unión entre sus obras anteriores y posteriores, entiendo que sólo parcialmente puede ser entendido así. Desde *HN* («Los Heraldos Negros», «El pan nuestro», «La cena miserable», «Espergesia»...) y *T* («XXXIV», «XXXVIII», «XLIII», «LVI»,...) esta crisis no sólo está latente, sino que es de alta evidencia. Vallejo, en estos años, lo que sí inicia es una ruptura *consciente* en cuanto a la interpretación de esa crisis, y al convencimiento de su propia realidad. Después de unos años de estancia en Europa, todos sus sueños de estabilidad económica se desvanecen[11] y se descubre a sí mismo como «pobre de solemnidad»[12], y aunque esta afirmación fue escrita bajo la presión de una «aguda crisis de desconfianza»[13], nos acerca bastante a su estado emocional. Sus viajes a la Unión Soviética[14] y su cada vez más intenso estudio de las concepciones marxistas del mundo, son, sin duda, elementos de enorme importancia en el desarrollo de esa ruptura. Vallejo es poeta de desmitificaciones, sus libros anteriores y posteriores así lo prueban. Determinados mitos cristianos como la unicidad de Cristo son destruidos en *HN*[15] al igual que el fundamento de las religiones en *T*[16]. Su duda hamletiana en el triunfo de la República española sobre el ejército nacional, evidente de forma palmaria en el último poema de *EspAC,* permiten en-

---

xistente, corresponde a enero de 1939, editada en la imprenta del Monasterio de Monserrat, bajo la dirección de Manuel Altolaguirre. Cfr. Vélez y Merino, *op. cit.,* págs. 141-146.

[10] Entre otros, Jean Franco, *op. cit.,* págs. 242-243, y Francisco Martínez García, *César Vallejo. Acercamiento al hombre y al poeta.* León, Colegio Universitario de León, 1976, págs. 174 y ss.

[11] Puede comprobarse en toda su correspondencia de la época. Cfr. José Manuel Castañón, *Epistolario General. César Vallejo,* Valencia, Pre-textos, 1982.

[12] José Manuel Castañón, *ibídem,* pág. 154.

[13] *Ibídem.*

[14] Viajó a la Unión Soviética por primera vez en 1928, volviendo de nuevo en dos ocasiones, 1930 y 1931.

[15] Véanse entre otros, «Comunión» y «La cena miserable».

[16] El caso más evidente lo encuentro en el poema «XIX».

tender que, en este sentido, la posición de Vallejo ha sido esencialmente la misma. O como dice Jean Franco con respecto a la desmitificación seguida por Vallejo:

> El poema 19 [de *T*] destruye todo el terreno sobre el cual la existencia humana reposó durante siglos, creando una vasta conmoción del lenguaje y los símbolos. María, San Gabriel y el gallo no pueden cumplir ya sus funciones como signos de un texto sagrado, pues ya no hay mensaje sobrenatural que transmitir. La proyección de las esperanzas y emociones humanas, su personificación en dioses y mitos, se ha convertido en una paradoja incómoda; el hombre construye tanto como destruye sus propios dioses. Tal el precio de la conciencia[17].

Desde sus años de juventud Vallejo había tenido una clara tendencia consciente hacia posiciones filosóficas materialistas, no siempre asumidas conscientemente. En el primer poema que Vallejo firmó, «Primaveral», la existencia de Dios es mostrada desde la negación[18]. Su creencia en el poder de la pedagogía y en la significación desmitificadora de los conocimientos científicos se encuentran en los poemas didácticos para niños publicados en *Cultura Infantil* durante sus años de maestro. En los años 1913 y 1914, los libros que recibió como premios en la Universidad denotan una fuerte tendencia hacia el positivismo y el evolucionismo[19]. De entre ellos, posiblemente, el que más impacto le causó fue *El enigma del Universo,* de Ernst Haeckel[20], cuyo vocabulario dejó amplia huella en su poesía pos-

---

[17] Jean Franco, *op. cit.*, pág. 135.
[18] Este poema declamado en una demostración estudiantil desde un balcón de la plaza O'Donovan en Trujillo, termina con estos versos:

> ¡Juventud! Patria en flor. Trueno Armonía
> y suspiro de Amor... La Primavera
> renovando tus ímpetus podría
> convertirse en un Dios... si Dios no hubiera.

[19] Entre ellos figuraban *La Filosofía del siglo XX,* de Taine; *La Historia de la Religión,* de Max Müller; *Sociología y política,* de Gumplowitz; *La elocuencia ática,* de Gérard y *El Enigma del Universo,* de Haeckel.
[20] Cfr. Jean Franco, *op. cit.*, pág. 31.

terior, en expresiones como «ciliado arrecife», «arácnidas cuestas», «grupo dicotiledón», etc. De la misma manera que sus estudios de Anatomía van a perfilar su léxico poético, con una presencia, en algunos casos reiterativa, de los elementos materiales que configuran al ser humano[21]. El impacto que le causó el evolucionismo queda particularmente nítido en un relato breve, «Los Caynas», incluido en su libro *Escalas,* publicado en 1923. A Vallejo, en esos años, la certidumbre del desarrollo humano a la luz de la evolución de las especies, le provoca tal desasosiego, que perdurará a lo largo de toda su obra. Si en «Los Caynas», el narrador —Luis Urquizo—, al regresar a su aldea después de una ausencia de años, descubre que todos se creen monos y que a él lo toman por loco, al creerse hombre; en *T,* al hablar Vallejo de su ideal de hombre dirá que «ya no tiene cariños animales»[22], como cláusula *sine qua non* de su humanidad. Éste será un principio constante en su pensamiento poético. Ser *Hombre* es el final de un camino que los hombres deben recorrer. Mientras esto llega, al hombre no le queda más que luchar por su conquista, y, en esta lucha, debe pagar el precio del sufrimiento. Las constantes alusiones al sufrimiento que hay en toda la producción vallejiana, encontrarán su salida en *EspAC,* cuando al fin el poeta ve en el miliciano español al «sufrimiento armado», y por tanto —y de ahí la enorme importancia que tiene *España* como símbolo en su poesía—, cercana la posibilidad de transformación auténtica en *Hombre.*

El «sufrimiento armado» significa un salto cualitativo con respecto a la aceptación y conocimiento del sufrimiento. El sufrimiento en el hombre —en tanto que animal—, debe conducirle a su transformación humana. En el poema «El alma que sufrió de ser su cuerpo», de *[PH],* escribe:

---

[21] Me parece muy claro en los poemas «El alma que sufrió de ser su cuerpo», [Tengo un miedo terrible de ser un animal...], [¿Y bien? ¿Te sana el metaloide pálido...], entre otros muchos ejemplos.

[22] *T* «XXXVIII».

Tú sufres, tú padeces y tú vuelves a sufrir horriblemente,
desgraciado mono,
jovencito de Darwin,
alguacil que me atisbas, atrocísimo microbio.

Para concluir:

¿Que no? ¿Que sí, pero que no?
¡Pobre mono!... ¡Dame la pata! ... No. La mano, he dicho.
¡Salud! ¡Y sufre!

En el proceso de transformación de «dar la pata» a dar «la mano», se resume magistralmente, tal como intentaré demostrar al estudiar la *Estética del Trabajo,* un aspecto fundamental de su concepción poética: El salto que conduce del mono repetidor, negado para el acto de la creación, al *Hombre* capaz de crear un mundo.

Dije que no compartía plenamente las tesis que analizan *[PP]* y *[PH]* como resultado de una crisis de conciencia. Esta crisis es anterior a estos poemas. En Vallejo las teorías sólo tienen validez cuando la vida las confirma, no al contrario. A los que piensan de esta última forma les llama «marxistas gramaticales». Escribe en 1929:

> Los marxistas gramaticales que persiguen la realización del marxismo al pie de la letra, obligando a la realidad social a comprobar literal y fielmente la teoría del materialismo histórico [...] van en contra de la vida[23].

En Vallejo, la vida puede transformar la teoría. Praxis e idea son un complejo dialéctico multiplicador. En las concepciones filosóficas del marxismo Vallejo encuentra explicación y respuesta a preguntas anteriores que se había formulado. Es por ello que en *[PP]* y *[PH]* no encontramos tanto el reflejo de una crisis, como los inicios de una ruptura que en *EspAC* se harán evidentes. La cada vez mayor profundización en dichas concepciones le permiten una uti-

---

[23] «Las lecciones del marxismo», en *Variedades,* Lima, 10 de enero de 1929, núm. 1.090.

lización particularísima de la dialéctica, en un intento por armonizarla con la poesía. Como dice Serge Salaün:

L'intuition de Vallejo la plus feconde est sans doute de percevoir que la poésie offre la posibilité d'harmoniser l'art et la dialectique marxiste. C'est là un «paradoxe» qui vaut pour les périodes épiques et qui reste une exigence à tout instant: près d'un demi-siècle après sa mort, Vallejo demeure un poète d'avant-garde[24].

En su obra, la presencia de contrarios (altamente evidente en *HN y T*), va lentamente incluyéndose en un proceso, en la dinámica del movimiento. Si en *T* este choque de contrarios en la mayoría de los poemas, no hace más que provocar chispas de ironía o de angustia, en la colección de poemas que configuran *[PP] y [PH]* hay un intento cada vez más evidente de transitoriedad y síntesis.

La estrategia poética utilizada por Vallejo le conduce a una precisión semántica que en no pocas ocasiones le obligan a una torsión léxica y sintáctica. El abandono de las concepciones estrictamente evolucionistas y positivistas le anima a un nuevo tratamiento poético:

La gramática, como norma colectiva en poesía, carece de razón de ser. Cada poeta forja su gramática personal e intransferible, su sintaxis, su ortografía, su analogía, su prosodia, su semántica. Le basta con no salir de los fueros básicos del idioma. El poeta puede hasta cambiar en cierto modo, la estructura literal y fonética de una misma palabra, según los casos. Y esto, en vez de restringir el alcance socialista y universal de la poesía, como pudiera creerse, lo dilata al infinito. Sabido es que cuanto más personal (repito, no digo individual) es la sensibilidad del artista, su obra es más universal y colectiva[25].

---

[24] Serge Salaün, «César Vallejo: poète marxiste et marxiste poète», en *Criccal*, Université de la Sorbonne Nouvelle París III, París, 1985; núm. 10, pág. 178.

[25] *El Arte y la Revolución*, Barcelona, Laia, 1978, pág. 73.

Vallejo en una constante torsión de significados que, sin embargo, jamás traspasa el campo semántico contextual del poema, muestra que un instante es a la par la *cosa misma,* sus energías y las posibilidades poéticas que despierta entre el emisor y el receptor del texto. Estas posibilidades son, sin embargo, lo suficientemente unívocas como para evitar una carga excesivamente alta de ambigüedad, que impidiera la comprensión de los poemas. Como dice Nadine Ly:

> S'il y a ambigüite ou difficulté, seule la textura du signifi-cant en est la cause: celui-ci ne *dit* pas seulement dans ses mots et les contenus lexicaux qu'ils véhiculent; il *construit* aussi un sens avec la grammaire, la syntaxe, les relations paronymiques, les rapports de ressemblance ou d'opposi-tion, d'inclusion ou d'exclusion, les rapports métonymi-ques, [...]26.

La torsión a la que Vallejo somete ciertas expresiones lexicales hay que incluirla en su particularísima poética. En *EspAC,* por ejemplo, utiliza con frecuencia la locución «al pie de», que aparece sistemáticamente asociada a referentes aparentemente no adecuados: «duermo al pie de mi frente» («I», 160); «lo han matado al pie de su dedo grande» («III», 30); «acuéstate al pie del palo súbito» («VI», 7). En todas estas ocasiones, «pie», se encuentra asociado con una parte del cuerpo o con algún objeto usual, que nos obliga a diversificar las percepciones y lecturas. «Pie», en todas sus presencias en los poemas, exige ser percibido *a la vez* como metáfora y como representación física de una parte del cuerpo. Es *a la par* metáfora fosilizada y metáfora viva. En el último ejemplo, «acuéstate al pie del palo súbito», por un lado, Vallejo hace intervenir la prosodia, las acciones sonoras y correspondencias fonéticas («p» y «t», por ejemplo); y por otro, los efectos paronomásicos («pie de palo», que puede evocar a «pata de palo», «súbito», que puede igualmente recordar a «subir» o «subido», y que a

---

26 Nadine Ly, «Engagement et poètique» en *Criccal,* núm. cit., pág. 106.

su vez se opone a «acuéstate»), consiguiendo una secuencia de verbo + sustantivo + sustantivo + adjetivo, altamente significativa. La misma secuencia que utiliza esencialmente en «lo han matado al pie de su dedo grande», integrándose en el proceso de *gigantización espacial,* tal como intentaré argumentar en el apartado correspondiente.

Las combinaciones sintácticas de Vallejo jamás traspasan «los fueros básicos del idioma». Expresiones como «oró de cólera» *EspAC,* («I», 27), «orando con sudor» *(EspAC,* «VII», 9), «llorar plomo social» *(EspAc,* «IV», 9), «subo hasta mis pies desde mi estrella» *([PH],* [Al cavilar en la vida, al cavilar...], 16), etc., son todo menos agramaticales, y con ellas Vallejo se enfrenta a una semántica convencional que obligaría a entender (en el último ejemplo) la imposibilidad de subir a lo bajo, o a la extrañeza de una metáfora (lágrima/plomo social) a partir del llanto. La no adecuación sintáctica provoca un dinamismo asociativo múltiple que hace que su poesía sea a la par oscura y clara, evidente y enigmática. En ella actúan *a la par* el lenguaje y las percepciones mentales.

La torsión semántica vallejiana persigue el núcleo central de su estrategia poética, en la que el lenguaje es a la vez medio y fin. Mas esta maquinaria de la precisión y la exactitud tiene su corazón y su cerebro en la vida misma. La torsión de significados, a la par que resultado de la distorsión conceptual de la realidad tal como la ve Vallejo, genera una nueva realidad no distorsionada. Esta dialéctica poética —no lexical— es el centro generatriz de su poesía. Escribe ya en 1926:

> Poesía Nueva ha dado en llamarse a los versos cuyo léxico está formado de las palabras «cinema, motor, caballos de fuerza, avión, radio, jazz-band, telegrafía sin hilos», y en general, de todas las voces de las ciencias e industrias contemporáneas, no importa que el léxico corresponda o no a una sensibilidad auténticamente nueva. Lo importante son las palabras.
>
> Pero no hay que olvidarse que esto no es poesía nueva, ni antigua, ni nada. Los materiales artísticos que ofrece la vida moderna han de ser *asimilados por el espíritu y con-*

vertidos en sensibilidad. El telégrafos sin hilos, por ejemplo, está destinado, más que a hacernos decir «telégrafos sin hilos», a despertar nuevos temples nerviosos, profundas perspicacias sentimentales, ampliando vivencias y comprensiones y densificando el amor: la inquietud entonces crece y se exaspera y el soplo de vida se aviva[27].

La asimilación y transformación de los materiales artísticos de la realidad le permiten a Vallejo entender a la misma realidad como substancia básica de la poesía. La simple asimilación sería un empirismo positivista que no conduciría más que a la repetición fiel de los elementos más exteriores del *corpus* poético. Mas, al estar ella subordinada a una conversión en sensibilidad, a una transformación, la asimilación se integra en un todo estratégico. Pero, a la par, al ser la transformación resultado de diversas gradaciones de la asimilación, la substancia básica, es decir, la realidad, da una determinada constelación al cosmos poético. Un predeterminado margen de variabilidad, que de ser traspasado, difuminaría el análisis riguroso del poema o, de lo que es lo mismo, de la conversión en sensibilidad de la substancia básica.

El poema «Pedro Rojas» de *EspAC* es un claro ejemplo en este sentido. Vallejo parte para la configuración de Pedro Rojas (personaje ficticio y central del poema) de una serie de materiales extraídos de la realidad, como ya quedó suficientemente probado[28]. Estos materiales que despiertan en él los resortes de la *conversión en sensibilidad,* no pueden considerarse meros materiales fríos, sino al contrario, materiales impregnados de un alta carga emocional. En este caso concreto uno de los materiales es el hallazgo de un fusilado, que en uno de sus bolsillos llevaba un mensaje escrito que coincide plenamente con la primera estrofa de la primera versión del poema y del que sólo Vallejo termina conservando un verso: «Abisa a todos compañeros, pron-

---

[27] «Poesía Nueva» en *Favorables París Poema,* París, julio de 1926, núm.1.
[28] Un análisis detallado en Vélez y Merino, *op. cit.,* págs. 128-132.

to». Otro de los materiales es la *cuchara* que aparece en cuatro ocasiones en el poema. En la primera como «cuchara muerta», la segunda como «cuchara que anduvo en su chaqueta,/despierto o bien cuando dormía, siempre». En tercer lugar como «cuchara muerta viva, ella y sus símbolos», para concluir con una cuarta presencia resumidora: «Viban los compañeros al pie de esta cuchara para siempre»[29]. El impacto emocional que produjo en Vallejo *esta* cuchara —como material básico— responde a la certeza de saber que a los fusilados les robaban todo lo que llevaban encima (reloj, sortijas, muelas de oro,...), pero quitarles la cuchara con la que habían comido durante el tiempo que estuvieron en el penal de Burgos previo a su fusilamiento, a los ejecutores debió parecerles de muy poca utilidad. De ahí que los cadáveres aparecieran con ella. En la cuarta ocasión en la que aparece, Vallejo explicita claramente que habla no de una cuchara, sino de *«esta cuchara»,* al igual, que *«Abisa a todos compañeros, pronto»;* no forma parte de cualquier mensaje escrito, sino justamente del que apareció en los bolsillos del cádaver. Lo mismo que sucede con el resto de datos que Vallejo aporta en el poema: obrero ferroviario de Miranda de Ebro, padre, etc[30].

Algo similar sucede con la figura central del poema «VIII», Ramón Collar. En este caso creo que hay indicios suficientes para considerar que la substancia emocional la encontró Vallejo en el antitanquista Antonio Coll, que gozó de una extensa fama por destruir en el barrio de Usera de Madrid varios tanques. No sólo la evidente transformación del apellido Coll por Collar, sino de manera especial, por los datos que Vallejo aporta. Insiste en el poema que Ramón Collar, al igual que Coll, se encuentra en el frente de Madrid, aunque no sea de esa ciudad. Collar continúa coincidiendo con Coll en que es herido y en que se enfrenta con siete tanques. En el poema metamorfoseados por la forma y el ruido en tambores en una estrofa, y en otra, en es-

---

[29] Aún es posible encontrar una quinta presencia. En este caso por alusión explícita entre la primera y la segunda.

[30] Cfr. Vélez y Merino, *op. cit., ibídem.*

padas; llegando en este caso a dar el número siete: «en tanto que visitas, tú, allá, a las siete espadas, en Madrid». Finalmente, Vallejo insiste en Coll en el poema inicial de *EspAC*, citándolo junto con Lina Odena, Cervantes, Teresa, Goya, Quevedo, etc., y vuelve a hablar de él en su artículo «Los enunciados populares de la guerra española», escrita hacia marzo de 1937 (previo a la redacción de *EspAC*) y no publicado hasta 1957 en el libro de Juan Larrea, *César Vallejo o Hispanoamérica en la cruz de su razón*. Escribe Vallejo de Coll:

> El mundo fue deslumbrado —me dice un obrero metalúrgico de Madrid, Miguel González— ante la hazaña de Antonio Coll, enfrentándose por sí solo, espontáneamente, pecho a pecho, a siete tanques enemigos y derribándolos a granada.

Todos estos materiales básicos, asimilados y posteriormente transformados en sensibilidad, van constituyendo su poesía. Gracias al segundo proceso, es decir, a la transformación, podemos hablar de un texto poético. Pero la asimilación —los materiales básicos— impregnan, como queda dicho, la comprensión del poema. De ahí, que no todas las virtuales interpretaciones del mismo tengan la suficiente coherencia interna. Saúl Yurkievich llega a una conclusión similar al afirmar:

> Utiliza según su arbitrio los recursos inherentes a la figuración literaria, [...], Vallejo plasma una fantasía basada en evidencias comprobables fabulándolas según su designio y diseño poéticos; las fabula sin desvirtuarlas[31].

Vallejo no necesita desvirtuar la fabulación, porque para él es la propia realidad la que ya está desvirtuada. La realidad es más rica y posee más fantasía que la imaginación. Su vida es una buena prueba de ello.

---

[31] Saúl Yurkievich, «La palabra participante» en *Criccal, ibídem,* página 197.

Estética del Trabajo:
La dialéctica como estrategia poética
(y 2)

Junto a la torsión y precisión semánticas, el otro gran pilar sobre el que se sostiene la poética vallejiana es lo que se podría denominar, siguiendo al propio Vallejo, *Estética del Trabajo.*

Estrechamente ligada con su concepción del marxismo, la *Estética del Trabajo* es abordada por Vallejo durante y después de sus viajes a la Unión Soviética. Entre 1928 y 1931 Vallejo realiza tres viajes. Estos viajes coinciden justamente con su evolución ideológica hacia posiciones marxistas. Por muy diversas fuentes[1] sabemos el profundo interés que toma por el estudio de dichas teorías. De este conocimiento surge una particular visión de la Literatura y el Arte, que él llamó *Estética del Trabajo.*

De su experiencia soviética tenemos sus dos libros de reportajes, *Rusia en 1931 y Rusia ante el segundo plan quinquenal,* aparte de algunos artículos sueltos y varios textos teatrales. Hay, sin embargo, un número indeterminado de poemas hoy incluidos en [PH], que en 1931, en una entrevista realizada por César González Ruano y publicada en *El Heraldo de Madrid* de 27 de enero del mismo año, Vallejo al hablar de ellos los reunía en un libro de título ciertamente extraño: *Instituto Nacional del Trabajo.*

---

[1] Todos los vallejianos están de acuerdo en este punto. Desde Juan Larrea a Jean Franco, o desde Francisco Martínez García a Alain Sicard.

Con seguridad, no podemos afirmar siquiera si estos poemas existieron o fueron más un deseo que una realidad. Es más, posiblemente los poemas fundamentales, que podríamos considerar con no pocos argumentos como pertenecientes al libro, fueron escritos después de ser entrevistado por César González Ruano. Estos poemas, «Salutación Angélica», [Los mineros...], «Telúrica y magnética» y «Gleba» especialmente, si su viuda no equivoca los recuerdos, se escribieron después del tercer y último viaje a la Unión Soviética, en octubre[2]. De todas formas podemos considerar razonablemente que no era necesario que estuviesen escritos todos los poemas para que Vallejo *a priori* hubiera decidido poner título a su libro. Título, por otra parte, que conservó hasta el final de su vida, ya que entre los distintos títulos que aparecieron en sus papeles a su muerte, *Instituto Central del Trabajo,* continúa existiendo, por lo que es lícito pensar que no responde a una improvisación momentánea.

En la entrevista, hasta hace tan sólo unos años escondida en las hemerotecas y de apariencia más bien inocente, encontramos datos de enorme interés. Uno de ellos es el título del libro ya señalado, y el segundo, la explicación de otro: *Trilce*[3].

De todas formas lo que sí nos revela la entrevista de González Ruano es que Vallejo en los inicios de los años 30 ya había leído y estudiado el papel que el marxismo le concede al trabajo en el desarrollo y transformación de la especie humana. Escribe Engels:

> El trabajo es la fuente de toda riqueza, afirman los especialistas en Economía política. Lo es, en efecto, a la par que la naturaleza, proveedora de los materiales que él con-

---

2 Cfr. Georgette de Vallejo, *op. cit.,* pág. 165.
3 En la entrevista González Ruano pregunta:
— Muy bien ¿Quiere usted decirme por qué se llama su libro *Trilce?* ¿Qué quiere decir Trilce?
— ¡Ah!... Pues *Trilce* no quiere decir nada. No encontraba, en mi afán, ninguna palabra con dignidad de título, y entonces la inventé: *Trilce.* ¿No es una palabra hermosa? Pues ya no pensé más: *Triiiilce.*

vierte en riqueza. Pero el trabajo es muchísimo más que eso. Es la condición básica y fundamental de toda la vida humana. Y lo es en tal grado que, hasta cierto punto, debemos decir que el trabajo ha creado al propio hombre[4].

Vallejo, aunque no de manera sistemática, elabora su concepto de *Estética del Trabajo,* principalmente en su libro *Rusia en 1931.* A propósito del impacto que le causó la película *La Línea General* de Eisenstein, escribe:

> La que trae Eisenstein es una *estética del trabajo,* (no una estética económica, que es una noción disparatada y absurda). El trabajo se erige así en sustancia primera, génesis y destino sentimental del arte. Los elementos temáticos, la escala de imágenes, el *decoupage,* la cesura de la composición, todo en la obra de Eisenstein parte de la emoción del trabajo y concurre a ella[5].

Vallejo ve en el trabajo el movimiento transformador de las cosas. De ahí:

> ¿Qué vemos y sentimos en el fondo de estas formas del proceso social? El trabajo, el gran recreador del mundo, el esfuerzo de los esfuerzos, el acto de los actos[6].

Para insistir inmediatamente:

> No es la masa lo más importante, sino el movimiento de la masa, el acto de la masa, como no es la materia la matriz de la vida, sino el movimiento de la materia (desde Heráclito a Marx)[7].

A la luz de estos conceptos parece oportuna una relectura del poema «Masa», cuyo germen corresponde a 1930

---

[4] F. Engels, *El papel del trabajo en la transformación del mono en hombre,* Madrid, Ayuso, 1974, pág. 59.
[5] *Rusia en 1931,* Lima, Ediciones Ulises, 1964, pág. 219. Subrayado mío.
[6] *Ibídem,* pág. 220.
[7] *Ibídem,* pág. 162.

aproximadamente, a pesar de estar incluido en *EspAC*[8]. En él Vallejo integra en un mismo proceso a la muerte (lo estático) frente al dinamismo (la vida). El amor universal, la «cita Universal de Amor» que ya apareciera en «El tálamo eterno» de *HN,* alcanza en «Masa» su expresión última. La *masa* sustituye al milagro. Es decir, ella es la única capaz de realizarlo. Dios es una realidad colectiva de carnes y huesos concretos y universales. Frente al dolor cósmico, el amor de toda la humanidad, el movimiento de la masa en el abrazo, es la resurrección. La vida es así el resultado dinámico del movimiento:

> Entonces, todos los hombres de la tierra
> le rodearon; les vio el cadáver triste, emocionado;
> incorporóse lentamente,
> abrazó al primer hombre; echóse a andar...

En este poema, en el cual se recrea la resurreción de Lázaro por Cristo (Juan,11,43-44) y que está lleno de locuciones evangélicas, «vino hacia él un hombre y le dijo...», «se le acercaron», «acudieron a él», «le rodearon»... Vallejo transforma la voz de Cristo en la decisión de todos los hombres por rodear el cadáver, es decir, en el movimiento de la masa. El acto por el cual el cadáver renace, es debido no sólo al hecho de la tristeza implícita de todos los hombres y que de la misma manera parecen pedir que no abandone la vida, sino en el movimiento que comporta el hecho de rodearlo.

Igualmente, el movimiento sin la masa no es suficiente. Si tan sólo faltase un hombre sería incompleta la acción, de ahí la exigencia de que rodeen al cadáver *todos* los hombres. Previamente lo intentaron uno, dos, veinte, cien, mil, quinientos mil, millones de individuos, y la resurrección no fue posible. El trabajo y el movimiento que genera es la matriz de todo.

Insiste Vallejo al hablar de dos películas *(La Línea General y El acorazado Potemkin)* de Eisenstein:

---

[8] Cfr.: Gonzalo Sobejano, «Poesía del cuerpo en *Poemas Humanos*», en A. Flores, *op. cit.,* pág. 190.

El trabajo es el padre de la vida, el centro del arte. Las demás formas de la actividad social no son más que expresiones específicas y diversificadas del acto primero de la producción económica: el trabajo[9].

Evidentemente, si el trabajo alcanza en Vallejo la magnitud anteriormente expresada de imágenes y sensaciones, ¿qué decir del hombre que se encuentra en paro, de la fábrica cerrada, de los campos sin cultivar? En su poema [Parado en una piedra...], por medio de apóstrofes y prosopopeyas, Vallejo muestra las caras oscuras de una realidad. Estrofas completas de este poema guardan un paralelismo de construcción gramatical, ciertamente interesante, con el penúltimo de los poemas de *EspAC*. En éste, Vallejo se dirige a los niños del mundo, en aquél a los parados.

El concepto *Estética del Trabajo* no implica, únicamente, un planteamiento poético. Vallejo entiende que es una nueva tendencia global que se da como resultado de los cambios que la revolución ha introducido en el mundo. Si la primera vez que habla de este concepto es a raíz del cine, también observa la misma tendencia en el teatro soviético de los años 30:

> La emoción que despierta el decorado es de una grandeza teatral exultante. De las poleas y transmisiones, de los yunques, de los hilos conductores, de los motores, brota la chispa, el relámpago violáceo, el zig-zag deslumbrante, el tranquilo isócrono, los tics-tacs implacables, el silbido neumático y ardiente, como de un animal airado e invisible[10].

La obra en concreto que Vallejo comenta es *El brillo de los rieles,* cuyo autor es un obrero metalúrgico, Kirchon, autor también de un drama, *La herrumbre,* que gozó de un cierto prestigio en los teatros alemanes e ingleses de la época. Al hablar de su personaje central, un obrero bolchevique, dice Vallejo:

---

[9] *Rusia en 1931, ibídem.*
[10] *Rusia en 1931, ibídem,* pág. 51.

Como en el drama sagrado, su alma está triste hasta la muerte. También tiene sus buitres, como el viejo Prometeo [...]. Hay en esta pieza una escena culminante que por su grandeza trágica y universal recuerda los mejores pasajes de la pasión y del drama esquiliano[11].

¿Esta pasión y este drama no podrían además encontrarse años más tarde en la matriz de *EspAC* y de parte de *[PH]?* Mas, no deja de ser sorprendente el paralelismo utilizado por Vallejo unas páginas más adelante:

> Pero el obrero vacila. Lucha todavía. Es la hora del sudor de sangre y del *«Aparta de mí este cáliz»*[12].

Se refiere a una escena en la que, lógicamente, la muerte y la vida son los protagonistas esenciales. El obrero no sabe si suicidarse. Al igual que en el poema «España, aparta de mí este cáliz» será un niño/los niños, el portador/los portadores, de la vida:

> Al levantar el frasco, una mano se lo impide repentinamente. Es la mano de su hijo, que no dormía. El movimiento de éste es de un sentido social trascendental[13].

Pienso que bajo la poética de *Estética del Trabajo* se pueden incluir una buena parte de *[PH]*, de entre los que sobresalen los siguientes poemas: «Salutación angélica», [Los mineros salieron de la mina...], «Telúrica y magnética», «Gleba», «Los nueve monstruos», [Considerando en frío, imparcialmente...], [Parado en una piedra...], [Por último, sin ese buen aroma sucesivo...], «La rueda del hambriento» y «Los desgraciados». En todos ellos, de un modo inmanente, encontramos el trabajo como sujeto poético de enorme importancia social o moral. Lógicamente, el trabajo entendido al modo vallejiano y no en su sentido económico, es decir, en el expresado en [Un hombre pasa con un pan

---

11 *Ibídem,* pág. 130.
12 *Ibídem.*
13 *Ibídem.*

al hombro...], poema que habría además que incluir entre los anteriores, como poética de los mismos.

En este poema, expresado en dísticos, Vallejo contrapone siempre dos conceptos. Partiendo de una afirmación concluye con una interrogación negativa. El primero de los elementos corresponde directamente al mundo material, el segundo al espiritual. El primero de los versos de los dísticos no sólo se refiere al mundo de la materia, sino al hombre inmerso en ese mundo. Hombre que se ve representado por los elementos sociales de su condición en el trabajo: el comerciante que roba; el banquero que falsea; el paria que duerme; el albañil que sufre un accidente; el pordiosero que busca alimentos en el fango; el hambriento que lleva el pan (es decir, la posibilidad de comer) como una cruz, al hombro; el desesperado que puede suicidarse en su cocina; el analfabeto que debe ayudarse de sus dedos para contar; el furioso que lleva un palo; el pobre que se quita los piojos; el cojo que muestra al niño el camino; el dolido que acompaña llorando a sus muertos; el mendigo que tose, tiene frío y escupe sangre.

La interrogación negativa con la que Vallejo concluye los dísticos, se emplea por igual para la afirmación de los versos primeros, que para ironizar sobre el mundo con el cual el poeta se relaciona: el mundo de la intelectualidad parisina del primer tercio del siglo. Mundo más preocupado por la innovación del tropo o las cuestiones del yo-profundo, que por el mundo material en el cual se desarrollan estos presupuestos.

La escritura vallejiana obedece a un sistema en el que cada verso representa una suma de esfuerzos y tensiones, donde se articulan a la vez, el lenguaje y las percepciones mentales. Las diversas fuerzas, diversificadas pero convergentes, confluyen en una realidad palmaria: El hombre es carne, pero también sueño, inmaterialidad, espíritu.

El espacio vallejiano: angustia y liberación

Si se analizara cada una de las obras poéticas de Vallejo por separado, en cada una de ellas el espacio dominante sería distinto. El espacio es factor de enorme importancia en los textos vallejianos. Al igual que con el tiempo, la incertidumbre y la desesperación se expresan por el choque frontal de espacios opuestos.

Curiosamente el espacio no ha sido nunca estudiado de un modo sistemático en Vallejo. Y es en el espacio, y no en el tiempo, donde las imágenes aparecen, al igual que los símbolos. Bachelard[1] entiende en su concepción general sobre el simbolismo imaginario, que la imaginación es dinamismo organizador y que este organismo organizador es factor de homogeneidad en la representación. Gilbert Durand estudiando estos principios de Bachelard observa que «la imaginación es potencia dinámica que "deforma" las copias pragmáticas proporcionadas por la percepción»[2].

Este dinamismo reformador, sin embargo, provoca una enorme coherencia entre el sentido y el símbolo dotándolo de una semántica emocional de gran riqueza. Esta semántica emocional encuentra en el espacio su mejor expresión.

---

[1] Cfr. Gaston Bachelard, *L'air et les songes*, París, Presses Universiaires de France, 1960, págs. 7-9; *Poétique de l'espace, ibídem,* 1962, página 7.

[2] Gilbert Durand, *Las estructuras antropológicas de lo imaginario,* Madrid, Taurus, 1982, pág. 26 (trad. Mauro Armiño).

41

Él determina el marco en el cual las emociones y sus símbolos crecen y se expanden.

En la poesía no hay un designado unívoco señalable con un término propio, sino que en cada poema lo designado se obtiene de la síntesis de los elementos presentes. Juan Ferraté afirma que «si un poema, mediante determinada concepción de palabras, suscita la imaginación de una emoción determinada, esta emoción es lo designado»[3].

Es cierto que una designación así es prácticamente inefable, pero esto no implica la no existencia de lo designado. El dinamismo del mundo simbólico en el interior del poema provoca la intraducibilidad de la emoción, pero la determinación del espacio en el cual se produce nos acerca a la misma. La emoción encuentra su materialidad justamente en él. Determinar la forma del espacio vallejiano es, pues, fundamental para la comprensión (o el acercamiento más bien) de su poesía.

El espacio vallejiano sufre toda una serie de mutaciones a lo largo de su obra poética. En la producción primera, *HN* y *T*, existe un predominio de la línea recta con una presencia, no muy abundante, de la curva; frente a su obra posterior, en la que la curva adquiere una gran importancia. Mas, si la obra vallejiana se entiende como una unidad inseparable, al modo como pienso que debe ser interpretada, encontramos unas constantes espaciales perfectamente armónicas y la transformación de un espacio cerrado y sólido, en otro abierto y volátil.

La verticalidad y la horizontalidad son principios casi obsesivos en *HN* y *T*, salvo cuando hace referencia al tiempo, que, generalmente, se representa por una curva descendente. Caso contrario y contrapuesto al amor, que es representado por una línea ascendente:

> ¡Subes centelleante de labios y ojeras!
> Por tus venas subo, como un can herido
> que busca el refugio de blandas aceras[4].

---

[3] Juan Ferraté, *Dinámica de la poesía,* Barcelona, Seix-Barral, 1982, pág. 88.

[4] «Amor Prohibido», de *HN*.

La muerte es lo bajo, la región hacia la que se camina. Se desciende hacia ella porque la vida es, lógicamente, la ascensión, la subida. Este descenso en Vallejo se representa indistintamente por una recta y una curva. Un claro ejemplo de la primera se encuentra en el poema «Avestruz», de *HN:*

> No acabes de maná de mujer que ha bajado;
> yo quiero que de él nazca mañana alguna cruz,
> mañana que no tenga yo a quién volver los ojos,
> cuando abra su gran O de burla el ataúd.

Esta relación entre vida y muerte es aún perfectamente lógica, representada por una recta descendente. La presencia de los verbos acabar y bajar, junto con la temporalidad reiterada de «mañana» enmarcan un espacio físico fácilmente delimitado. Sólo la presencia del subjuntivo permite pensar en la ascensión de la vida, que en *HN* continúa teniendo una proyección cristiana. Esta resurrección será transformada radicalmente en su obra posterior.

Un segundo ejemplo, en este caso conectado con la línea curva, se encuentra igualmente en *HN.* La muerte en el poema «Sauce» es una curva descendente y veloz. El paso del tiempo será cercenado por la guadaña (igualmente curva) de la muerte:

> Cerca de la aurora partiré llorando;
> y mientras mis años se vayan curvando,
> curvará guadañas mi ruta veloz.

El mismo espacio curvo se hace opresivo en el poema. En «Los anillos Fatigados» (*HN*) la conexión tiempo/curva alcanza a la imagen que de Dios tiene el poeta, mas esta curva es cíclica y monótona. La exaltación romántica de la acusación contra Dios se expresa por medio de una comparación con la primavera. Pero mientras la primavera vuelve y se va, Dios se repite en una rotación permanente y tediosa:

> Hay ganas de... no tener ganas, Señor;
> a ti yo te señalo con el dedo deicida;
> hay ganas de no haber tenido corazón.

> La primavera vuelve, vuelve y se irá. Y Dios,
> curvado en tiempo, se repite, y pasa, pasa
> a cuestas con la espina dorsal del Universo.

Pero la figura dominante en *HN* no es la curva sino la recta con su dureza y agresivad innatas. La *lluvia,* es decir, la verticalidad que desciende, encuentra en la muerte su final:

> Mas, cae, cae el aguacerc
> al ataúd de mi sendero,
> donde me ahueso para ti[5].

No deja de llamar poderosamente la atención, que cuando Vallejo escribe *lluvia* en *HN,* está escribiendo muerte, al igual que años más tarde, en «Piedra negra sobre una piedra blanca», es convocada como testigo sereno de su propia muerte.

Sin embargo, la *lluvia* en *T,* elemento conectado con el ideal de poesía que quiere escribir, no bajará, sino que al contrario, subirá. En el símbolo *lluvia* se encuentra el más claro ejemplo de la coherencia vallejiana con respecto a la vida y a la muerte. Si *lluvia* posee connotaciones negativas en *HN,* al transformar su significación simbólica en *T* alcanza constelaciones solamente positivas: «¿Hasta dónde me alcanzará esta lluvia?», se pregunta Vallejo, para afirmar inmediatamente que «hay siempre que subir. ¡Nunca bajar!». Y frente a este ideal de ascenso, la gran paradoja: «¿No subimos acaso para abajo?»[6]. En este verso Vallejo ya no habla de la nueva poesía, al contrario, en una mezcla absoluta de deseo y realidad, une la exaltación del ideal poético con el descenso que implica la muerte. ¿Acaso no crecemos hacia la tumba, hacia lo bajo, hacia la horizontalidad?

---

[5] «Lluvia», de *HN.*
[6] «LXXVII», de *T.*

La línea descendente puede ser quebrada, puede incluso mezclarse con la curva. Así sucede en «Los pasos lejanos», de *HN*; cuando Vallejo recuerda a sus padres y su soledad:

> Hay soledad en el hogar sin bulla,
> sin noticias, sin verde, sin niñez.
> Y si hay algo quebrado en esta tarde,
> y que baja y que cruje,
> son dos viejos caminos blancos, curvos.
> Por ellos va mi corazón a pie.

La vida de sus padres, «dos viejos caminos blancos», que él mismo transita, nos muestra la linealidad curva del tiempo. El *camino,* es decir, todas las cosas que de una u otra manera componen la vida y la respiración, será testigo en la muerte, al igual que la *lluvia,* en «Piedra negra sobre una piedra blanca».

El cuadrado, ya como espacio cerrado, asfixiante, cobra una importancia enorme en *T.* En *HN* los espacios, aunque lineales, no se cierran, aún hay una posibilidad de salida. A pesar de la indudable tristeza de muchos de sus poemas, *HN* admite cierto sosiego, cierta tranquilidad. En *T,* tras la experiencia carcelaria de Vallejo y en los poemas que hacen referencia a ella, apenas si el aire nos permite respirar. Sólo el amor, como siempre en su poesía, será capaz de romper candados y rejas, así ocurre en XVIII:

> Oh las cuatro paredes de la celda.
> Ah las cuatro paredes albicantes
> que sin remedio dan el mismo número.

Las cuatro paredes de la celda, el espacio opresivo que ellas limitan, se convierte en un «criadero de nervios» que arranca «las diarias aherrojadas extremidades», en las que sólo el amor será liberación.

Vallejo crea una imagen espacial perfecta por medio del amor. Recluido en el interior de un espacio coercitivo el amor es la llave libertadora. La llave que abre los secretos de los cofres en los juegos de la infancia, que abre las puertas de los castillos imaginados, aquí abre la celda en la que se encuentra Vallejo:

> Amorosa llavera de innumerables llaves,
> si estuvieras aquí, si vieras hasta
> qué hora son cuatro estas paredes.
> Contra ellas seríamos contigo, los dos,
> más dos que nunca. Y ni lloraras,
> di, libertadora!

La muerte en *T* es línea quebrada, descendente. El hogar de Vallejo está roto. Las muertes de su madre, de su hermano Miguel. Su propia detención, los chasquidos de la soledad. Hasta el recuerdo es ya espacio cerrado. La memoria se vuelve agria y las imágenes de la infancia, otrora dulces, ahora arrastran «una trenza por cada letra del abecedario».[7]

El espacio interno, sofocante, trasmina a las imágenes del banquete de una carga insufrible de tristeza. Frente a la irrupción diurna y solar del banquete como símbolo de fertilidad, al modo medieval y rabelaisiano[8], en Vallejo estas imágnes están sobrecogidas por la nostalgia y un halo de desesperación atraviesa sus versos. Así el poema XXVIII:

> He almorzado sólo ahora, y no he tenido
> madre, ni súplica, ni sírvete, ni agua,
> ni padre que, en el facundo ofertorio
> de los choclos, pregunte para su tardanza
> de imagen, por los broches mayores del sonido.

El encuentro en el mundo rabelaisiano con el alimento es siempre alegre y triunfante. El hombre vencía al mundo y a la naturaleza introduciendo en su interior los productos cosechados. La noción de *continente* es solidaria con la de *contenido* en Vallejo, por ello «los platos están distantes»

---

[7] «XXII», de *T*.

[8] Cfr. Mijail Bajtin, *La cultura popular en la Edad Media y en el Renacimiento. El contexto de François Rabelais,* Barcelona, Barral Editores, 1974; especialmente, cap. IV, págs. 250-273, (trad. Julio Forcat y César Conroy).

y el alimento es reducido al despectivismo de «cosas». En Vallejo el banquete es justamente la antítesis a la exaltación. El corazón puede más que el vientre. Son órganos distintos y distantes. Este espacio corporal e interior está igualmente quebrado que el exterior y material. La comida y el hombre en el interior de este espacio inarmónico son cosas ajenas y opuestas. Si la comida rabelaisiana era celebración de victoria, el banquete vallejiano es el triunfo de la muerte. La ruptura del espacio interior y exterior no provoca más que valores negativos e inapetencias:

> Cómo iba yo a almorzar. Cómo me iba a servir
> de tales platos distantes esas cosas,
> cuando habráse quebrado el propio hogar,
> cuando no asoma ni madre a los labios.
> Cómo iba yo a almorzar nonada.

La absorción de alimentos es aquí el polo opuesto a la festividad. Si como dice Bajtin «en el sistema de imágenes de la Antigüedad, el comer era inseparable del trabajo»[9], en este poema los alimentos están servidos para la tristeza. Si antes era «la coronación del trabajo y la lucha»[10] para que de esta forma «el trabajo triunfara en la comida»[11], en *T* la comida no descubre más que «canas tías» y «viudos alvéolos». Todo se vuelve agresivo y el sujeto lírico afirma que «me han dolido los cuchillos/ de esta mesa en todo el paladar».

Los alimentos se transforman porque «yantar de estas mesas así, en que se prueba/ amor ajeno en vez del propio amor» pertenecen a un espacio roto y quebrado y «torna tierra el bocado que no brinda la/ MADRE». Vallejo transforma justamente los alimentos en líquidos, en elementos acuáticos unidos tradicionalmente a la intimidad[12] y que aquí truecan su significación en constelaciones negativas ya

---

[9] *Ibidem*, pág. 253.
[10] *Ibídem*.
[11] *Ibídem*, pág. 264.
[12] Cfr. G. Durand, *ibídem*, págs. 244-247.

que «hace golpe la dura deglución; el dulce/ hiel; aceite fu-
néreo, el café». El triunfo de la muerte destroza todo y lo
convierte en una transustanciación negativa. Si el acto ali-
mentario confirma la realidad de las sustancias, el banquete vallejiano confirma la existencia del espacio cerrado y
opresivo:

> Cuando ya se ha quebrado el propio hogar,
> y el sírvete materno no sale de la
> tumba,
> la cocina a oscuras, la miseria del amor.

La oscuridad que provoca la ruptura del hogar, los vér-
tices del sufrimiento, encuentran su paralelo en la incertidumbre metafísica, cuando los cordones umbilicales del conocimiento, comienzan a cuestionar lo que por haber sido
asumido inconscientemente al pertener a una cultura y un
país, ahora descubre los inmensos huecos sin rellenar que
tienen. Si la religión ya no encuentra salida real a la muerte, si tan sólo la adora pero no la combate, si, en definitiva,
el hombre está solo, entonces «ya no hay dónde bajar/ ya
no hay dónde subir»[13].

El espacio se contrae en un rictus, a la cerrazón del mismo, hay que añadir también su propia contracción. «Mas-
tiquemos brasas» dice Vallejo en el mismo poema. Estas
dos líneas se han encontrado. El espacio cerrado no tiene
más luz que la oscuridad y la incertidumbre: «Se ha puesto
el gallo incierto, hombre»[14]. El gallo de la negación de Pedro, el gallo que anuncia el día, es aquí el símbolo de la eu-
femización de las tinieblas, anuncia la noche de la razón y
los fantasmas que la habitan. La sintaxis vallejiana en *T* se
vuelve sobre sí misma, se repite, se asfixia.

Todo se vuelve rígido, las articulaciones de los dedos se
endurecen y se integran en el interior de las uñas. El espacio está dominado por las uñas que crecen hacia el interior y mueren en el exterior. Aquí ni siquiera hay choque

---

[13] «XIX», de *T*.
[14] *Ibídem.*

de espacios opuestos, el interior ha terminado por vencer al exterior. Y el interior no es más que dolor. La coherencia poética vallejiana es perfecta y el lenguaje se duele de una sintaxis cortante y rígida. Los versos se expresan por paralelismos disonantes y repeticiones monótonas:

> Las uñas aquellas dolían
> retesando los propios dedos hospicios.
> De entonces crecen ellas para adentro.
> Mueren para afuera
> y al medio ni van ni vienen,
> ni van ni vienen[15].

Del hecho concreto de una grieta, de una fisura en el alma de los recuerdos, el pasado aparece moribundo. Al mirar hacia atrás sólo está la agonía. Todo en el recuerdo, incluso la historia, está moribundo. El pasado tantas veces defendido se vuelve contra el presente, porque el presente consigue que sea distinto. Una vez más el espacio interior vence al exterior:

> Al calor de una punta
> de pobre sesgo ESFORZADO,
> la grieta sota de oros tórnase
> morena sota de islas,
> cobriza sota de lagos
> en frente a moribunda alejandría,
> a cuzco moribundo[16].

En medio de la desolación, el espacio cerrado es el lugar de la incertidumbre. La región del miedo. La casa ya no es el hogar tranquilizador, el refugio donde guardar los juguetes. La casa pierde su propio carácter de cobijo, porque al cabo, la casa no es más que las personas que en ella viven. Al desaparecer el elemento humano el espacio perdura con su oscuridad. Dice Gilbert Durand:

> La casa entera es, más que un «vivero», un ser vivo. La
> casa duplica, sobredetermina la personalidad de quien la

---

[15] «XXVI», de *T.*
[16] *Ibídem.*

habita [...]. La intimidad de este microcosmos se duplicará y se sobredeterminará sin saber cómo. Como doblete del cuerpo, resultará isomorfo del nicho, de la concha, del vellón y, finalmente, del regazo materno[17].

En Vallejo el isomorfismo le conduce al rechazo. La memoria debe abandonar sus recuerdos e integrarse en el olvido si el pasado produce pavor. La casa trilceana es isomorfo del nicho y la incertidumbre. Ella ya no es el lugar donde se han de encontrar las alegrías. El espacio cuarteado por la muerte no produce más que miedo:

> Me da miedo ese chorro,
> buen recuerdo, señor fuerte, implacable
> cruel dulzor. Me da miedo.
> Esta casa me da entero bien, entero
> lugar para este no saber dónde estar[18].

Los puentes que unen los recuerdos con las presencias han desaparecido. También puede quedarse huérfana la memoria al ser sólo recuerdo y faltar la evidencia donde constatar, como en un espejo temporal, la certidumbre de que el paso del tiempo no transforma radicalmente el mundo de la infancia. La tragedia trilceana es el resultado de esta desolación de espacio solitario:

> No entremos. Me da miedo este favor
> de tornar por minutos, por puentes volados.
> Yo no avanzo, señor dulce,
> recuerdo valeroso, triste
> esqueleto cantor[19].

La casa, el espacio del hogar y la seguridad, no da ahora más que «muertes de azogue»[20] y el azogue no hace más que acercar a la «seca actualidad»[21]. En la casa se reduplica

---

17 G. Durand, *Ibídem,* pág. 232.
18 «XXVII», de *T.*
19 *Ibídem.*
20 *Ibídem.*
21 *Ibídem.*

la imagen de Jonás: dentro de la casa hay siempre otra casa. Como dice Baudouin:

> Necesitamos una casita dentro de la casa grande para encontrar las primeras seguridades de la vida sin problemas, este es el papel del rincón, del reducto oscuro[22].

En *T* todo ha volado. La casa ha perdido sus imanes y con ella el magnetismo de los rincones ha perdido luminosidad, y, ahora, la sombra ocupa completamente los lugares que ayer, siendo diminutos, eran universos enormes:

> En el rincón aquel, donde dormimos juntos
> tantas noches, ahora me he sentado
> a caminar. La cuja de los novios difuntos
> fue sacada, o tal vez qué habrá pasado[23].

Estas imágenes de descenso interior, de viaje móvil hacia los lugares inmóviles del pasado muestran una potente relación entre muerte y hogar perdido. Las inversiones y contracciones semánticas de Vallejo que enfrentan «rincón» (lugar de encuentro de cuatro planos y por demás inmóvil) con el verbo caminar (a pesar de estar sentado) concluyen en una imagen de fusión entre Eros y Thanatos tan propiamente trilceanas: «La cuja de los novios difuntos». Éste es el lugar ocupado por las imágenes del viaje hacia el recuerdo. Mas si el poeta siente que en la vuelta al pasado, al lugar íntimo, a la «casita» dentro de la casa, «Jonás» sólo es firmemente reconocido por el propio sujeto, la amada, convocada al encuentro, puede equivocar el sitio:

> Has venido temprano a otros asuntos
> y ya no estás. Es el rincón
> donde a tu lado, leí una noche,
> entre tus tiernos puntos
> un cuento de Daudet. Es el rincón
> amado. No lo equivoques[24].

---

[22] Charles Baudouin, *Le triomphe du héros,* París, Plon, 1952, pág. 192.
[23] «XV», de *T.*
[24] *Ibídem.*

El dominio de la sombra es ahora el lugar de la antigua Arcadia. El paraíso se ha hecho añicos. La infancia ha roto sus hilos de cometa y, ahora, la suavidad del viento que la elevaba, se ha convertido en puro frío.

Los rincones toman vida de nuevo en otro poema trilceano, mas para acurrucarse dentro de un espacio cerrado cuadrado. En este espacio los recuerdos son lo único vivo y el presente se mezcla con ellos. El caballo de la infancia, de las correrías y los sueños, está ahora en la celda, junto con el compañero, que en un pasado-presente esplendoroso, come de la misma cuchara del niño que añora. La casa donde fue detenido Vallejo, también está ahora presente junto con un sujeto lírico empequeñecido que come fiambres los sábados y promete no ser egoísta.

Sólo queda ahora un espacio condensado y huérfano: «En la celda, en lo sólido, también/ se acurrucan los rincones»[25]. Lo sólido se deteriora de tanto tocarlo camino de ser líquido, imagen acuática: «Arreglo los desnudos que se ajan,/ se doblan, se harapan»[26]. El proceso de traslación espacial al pasado al fin se convierte en presente poético. El túnel del tiempo le ha conducido al momento en el cual regresa a casa, al hogar, después de una larga cabalgada.

El caballo isomorfo del regreso y la vitalidad, en este caso se ha integrado con el propio sujeto. Ya no son siquiera «los potros de bárbaros atilas/ o los heraldos negros que nos manda la Muerte»[27], como en *HN,* sino que ahora la agresividad se manifiesta por medio de la integración en la misma vuelta al pasado:

> Apéome del caballo jadeante, bufando
> líneas de bofetadas y de horizontes;
> espumoso pie contra tres cascos.
> Y le ayudo: Anda, animal![28].

---

[25] «LVIII», de *T.*
[26] *Ibídem.*
[27] «Los Heraldos negros», de *HN.*
[28] «LVIII», de *T.*

El espacio se condensa en la celda, «en el gas ilimitado» [29], al extremo de que el espacio exterior apenas es percibido: «Quién tropieza por fuera» [30] pregunta.

«Fuera» y «dentro» en *T* ya no tiene demasiado sentido. Todo está destrozado. El poeta tiene que soñar el presente porque el presente es horrible. Cuando la realidad no gusta sólo caben dos salidas: transformarla o imaginarla distinta. La muerte de la madre, de la casa más íntima y segura, hace que Vallejo imagine la realidad como si ella estuviera viva. Así, antes de iniciar un viaje a Santiago de Chuco, donde siempre estuvo el hogar y en el hogar su centinela, defendiéndolo contra los fríos y las borrascas del invierno y la tristeza, Vallejo necesita inventarse que el hogar existe para poderse poner en camino e imaginar que su madre está viva:

> Madre, me voy mañana a Santiago,
> a mojarme en tu bendición y en tu llanto.
> Acomodando estoy mis desengaños y el rosado
> de llaga de mis falsos trajines [31].

La realidad es, sin embargo, más fuerte y obliga al poeta a convertir a su madre en «muerta inmortal», es decir, en el choque mental de la realidad y el deseo. Si el sujeto lírico vuelve al espacio de la infancia descubrirá la presencia de la muerte, pero si no volviese jamás podría llegar a convertir a su madre (a la seguridad del hogar) en inmortal, incluyéndola así en un nuevo espacio poético que en su obra posterior se transformará. En este espacio «inmortal» que intenta superar al anterior todo es pluralidad y empequeñecimiento:

> Así, muerta inmortal.
> Entre la columnata de tus huesos
> que no puede caer ni a lloros,
> y a cuyo lado ni el Destino pudo entrometer
> ni un solo deseo suyo.
>
> Así, muerta inmortal.
> Así [32].

---

[29] *Ibídem.*
[30] *Ibídem.*
[31] «LXV», de *T.*
[32] *Ibídem.*

El habitáculo ya no posee más ídolo que adorar sino las tinieblas. Todo ha desaparecido, y con la ruptura se acaba «el diminutivo, para mi mayoría en el dolor sin fin y nuestro haber nacido así sin causa», como dice en *T*.

Sólo cuando Vallejo rompe este espacio y el hogar se universaliza, el diminutivo volverá a aparecer. Eso sucederá en *EspAC*, cuando Vallejo encuentre una nueva causa y, por tanto, un nuevo nacimiento. En *T*, tanto la muerte como la desesperación caminan hacia abajo, hacia la horizontalidad. Los recuerdos ahora, en la celda, cobran dimensiones trágicas, tal como sucede en el poema «XLII».

En este poema, que Vallejo comienza *in media res*, cargado de arcaísmos, silepsis semánticas, sujetos duplos..., la desesperación es mostrada por un espacio cerrado, curvo, que posteriormente se transforma en uno recto. Tras la apóstrofe «¿Dónde os habéis dejado vosotros/ que no hacéis falta jamás?», con la que los recuerdos son convocados, Rosa, es decir, Zoila Rosa[33], entra «del último piso» del recuerdo y el primero de la vida, de ahí, que el sujeto se haga niño. Mas, las «máquinas cosedoras», los latidos del corazón, se hacen tan fuertes en el recuerdo que la estrofa siguiente nos sitúa ante el hecho recordado y que ya es presente poético. «¿A dónde se han saltado tus ojos?». El dolor de cabeza, presente en la primera estrofa, poco a poco va desapareciendo: «Me siento mejor». Pero el recuerdo comienza a latir y a tomar vida propia pues «algún flujo sin reflujo ay [sic]»; y, al final, como un golpe, una «paletada facial» que provoca la caída de los párpados: «res-

---

[33] Vallejo conoce a Zoila Rosa en el segundo trimestre de 1917 e inmediatamente la introduce en el grupo de sus amigos de la librería «Cultura Popular» de Trujillo. Como era costumbre en el grupo recibió inmediatamente su apodo: «Mirtho», al igual que el personaje femenino de la novela de Pierre Louis, *Afrodita*. Con este nombre la hace aparecer en su libro *Escalas*. Él era conocido por el de «Korriscosso», como el personaje de Eça de Queiroz. Todo el grupo es citado por Vallejo como «La farándula». En «Cultura Popular» se familiarizan con las revistas de vanguardia de España y Perú: *Cervantes, Colónida, la Esfera, España...* Es la época en la que junto con todo el grupo lee a Shakespeare, Cooper, Dickens, Dostoievski, Thackerai, Rolland, Barbusse, Eguren, etc. Cfr. Vélez y Merino, *op. cit.*, pág. 35.

bala el telón»; y dentro los ojos en la oscuridad: «cabe las conchas». El paralelismo conchas/ojos, permite la aparición cerrada, («resbala el telón») del espacio curvo, al igual que impregna al texto de una dramatización. «Concha», en su doble sentido de caparazón de los moluscos y del lugar que le sirve al apuntador en el centro del proscenio, pero, que tanto en uno como en otro caso, tiene como idea central la ocultación. Después del espacio cerrado, ya el último verso ciertamente enigmático, en el que Vallejo recuerda al rey de los Argos, Acrisio, muerto involuntariamente por Perseo, tal como él hace, metafóricamente, con Zoila Rosa en el poema, recordando su amor hacia Otilia, aquí recreada por un vocablo latino *Tilia* al hacer desaparecer la O inicial. Y ya, el dominio del espacio recto y horizontal: «acuéstate»; rompiéndose el espacio curvo de los recuerdos.

Los poemas posteriores de Vallejo, integrados en *[PP]* muestran un espacio menos uniforme. Lo pequeño y diminuto comienza a agrandarse. Las medidas de las cosas, de nuevo, se agigantan, como en la niñez, aunque para eso sea necesario pensar, como en *T,* que la muerte de la madre no ha existido: «Hay, madre, un sitio en el mundo, que se llama París. Un sitio muy grande y lejano y otra vez grande»[34]. Pero la tensión espacial de *T* perdura. Los contrarios y sus direcciones opuestas continúan: «La mujer de mi padre está enamorada de mí, viniendo y avanzando de espaldas a mi nacimiento y de pecho a mi muerte. Que soy dos veces suyo: por el adiós y por el regreso»[35].

El mundo de la infancia, con la maduración, lentamente recupera su medida: «Murió Rayo, el perro de mi altura, herido de un balazo de no se sabe quién»[36]. Y la muerte desnivela el espacio. Tal como en *T*, «III», lo exterior es la oscuridad, el espacio cerrado. Igual sucede ahora en *[PP]:*

---

[34] «El buen sentido», de *[PP]*.
[35] *Ibídem.*
[36] «La violencia de las Horas», de *[PP]*. Este mismo verso aparece igualmente en *Carné 1930-1931*. Es por tanto un verso reflexionado por Vallejo, al igual que las alusiones a Lucas del mismo poema.

Un tiempo de rúa contuvo a mi familia. Mamá salió, avanzando inversamente y como si hubiera dicho: *las partes*. Se hizo patio afuera. Nativa lloraba de una tal visita, de un tal patio y de la mano de mi madre. Entonces y cuando, dolor y paladar techaron nuestras frentes [37].

La casa que ya había perdido su simbología de refugio, en *[PP]* se reduce, bajo el efecto de la enfermedad, en un hospital, es decir en «la casa del dolor» [38], donde «la queja asalta síncopes de gran compositor, golletes de carácter, que nos hacen cosquillas de verdad» [39].

El espacio, lentamente, se va ideologizando de forma paralela al propio Vallejo. La alusión anterior a *«las partes»* es tan sólo un indicio. Ahora es ya evidente: «¡Alejarse! ¡Quedarse! ¡Volver! ¡Parir! Toda la mecánica social cabe en estas palabras» [40].

Las líneas rectas comienzan a ceder su lugar de predominio a la curva y al círculo. La madre comienza a ser más diámetro que altura:

La talla de mi madre moviéndose por índole de movimiento y poniéndome serio, me llega exactamente al corazón: pensando cuanto cayera de vuelo con mis tristes abuelos, mi madre me oye en *diámetro* callándose en *altura* [41].

Al aumentar las distancias temporales y espaciales, las medidas aumentan: «Mi metro está midiendo ya dos metros» [42].

Con los poemas agrupados en *[PH]*, este proceso continúa. El volumen aparece y los puntos frontales ayer, hoy han ganado matices. En el poema «Terremoto», el espacio posee perspectiva y volumen. La simplicidad desoladora del paisaje trilceano, lentamente va abandonándose. Este terremoto mental provoca una auténtica ruptura del espacio

---

[37] «Lañguidamente su licor...», de *[PP]*.
[38] *«Las ventanas se han estremecido»*, de *[PP]*.
[39] *Ibídem.*
[40] «Algo te identifica...», de *[PP]*.
[41] «Lomo de las sagradas escrituras», de *[PP]*. Subrayado mío.
[42] *Ibídem.*

56

anterior. Claramente Vallejo ya está interesado por un espacio poético distinto y de nuevos matices. Interjecciones, adverbios y preposiciones ocupan un lugar de privilegio en este nuevo espacio. En «Terremoto» el paisaje es parte fundamental en el poema. Sin considerar la aparición del nuevo espacio poético es ciertamente hermético; las consideraciones espaciales, sin embargo, pienso que clarifican su lectura:

> ¡*Encima, abajo, con tamaña altura!*
> ¡Madera, tras el reino de las fibras!
> ¡Isabel, con *horizonte de entrada!*
> ¡*Lejos, al lado,* astutos Atanacios!
>
> ¡*Todo, la parte!*
> Unto a ciegas en luz mis calcetines,
> en riesgo, la gran paz de este peligro,
> y mis cometas, en la miel pensada,
> el cuerpo, en miel llorada.
>
> ¡Pregunta, Luis; responde, Hermenegildo!
> ¡*Abajo, arriba, al lado, lejos!*

La profundidad, como espacio ideologizado, será, a partir de ahora, constante en su poesía. Las imágenes del descenso se hacen materiales y los «creadores de profundidad» saben encontrar la síntesis de dos contrarios: bajar/subir:

> creadores de la profundidad,
> saben, a cielo intermitente de escalera
> bajar mirando para arriba,
> saben subir mirando para abajo[43].

La escalera, línea quebrada por excelencia, aquí ya es intermitente y, por demás, desde ella es posible vislumbrar la esfera celeste. La perpendicularidad opuesta trilceana, que chocaba en la incertidumbre, en la ascensión y el descenso, ahora baja «mirando para arriba», y sube «mirando para abajo». A lo largo de todo el poema el sentido de pro-

---

[43] «Los mineros salieron de la miña...», de *[PH]*.

fundidad es reiterado como expresión de conocimiento: «elaborando su función mental/y abriendo con sus voces/ el socavón, en forma de síntoma profundo!»⁴⁴.

Al espacio se le irá sumando movimiento, flexibilidad, y por tanto es más libre que antes, ahora puede, incluso, dilatarse: «Podría hoy *dilatarse* en este frío,/ podría toser; le vi bostezar»⁴⁵. El movimiento se hace incluso duplo en el sujeto lírico: *«duplicándose* en mi oído/su aciago *movimiento muscular»*⁴⁶.

La ruptura del espacio cerrado y opresivo se produce de forma paralela al proceso de gigantización, cuyas expresiones concretas serán el bolchevique soviético y el miliciano español. Pero junto a estas concreciones —relativamente anecdóticas— en Vallejo se agiganta el universo y todos sus valores:

> No. *No tienen tamaño sus tobillos;* no es su espuela
> *suavísima,* que da en las dos mejillas.
> Es la vida no más, de bata y yugo.
> [...]
> *Plenitud inextensa,*
> *alcance abstracto,* venturoso, de hecho,
> glacial y arrebatado, de la llama;
> freno del fondo, rabo de la forma⁴⁷.

La felicidad, pareja a esta gigantización, lógicamente incrementa su presencia en los poemas últimos de Vallejo. Ya es posible leer claras expresiones de alegría: «Quisiera hoy ser feliz de buena gana,/ ser feliz y portarme frondoso de preguntas,/ *abrir por temperamento de par en par mi cuarto»*⁴⁸. Las ventanas se abren y el ser humano agranda sus medidas morales, no es simplemente «padre», ahora es *«padre por grandeza»* y posee *«un cuello enorme»* del que *«sube y baja, al natural, sin hilo, mi esperanza»*⁴⁹. Este gi-

⁴⁴ *Ibídem.*
⁴⁵ «Piensan los viejos asnos» de *[PH].*
⁴⁶ *Ibídem.*
⁴⁷ «Dos niños anhelantes», de *[PP].*
⁴⁸ [Quisiera hoy ser feliz de buena gana...], de *[PH].* Subrayado mío.
⁴⁹ *Ibídem.*

gantismo abarca todos los sentimientos humanos. Las constelaciones negativas del universo, igualmente, crecen y se multiplican, como sucede con el poema «Los nueve monstruos», en el que el dolor lo sume todo en un marasmo de sufrimiento absoluto.

Frente al dolor universal, el amor, en una búsqueda de equilibrio y lucha, igualmente se agiganta:

> ¡Ah querer, éste, el mío, éste, el *mundial,*
> interhumano y parroquial, provecto! [50].

El hombre es el centro motor de este gigantismo. Él ocupa, sin contradicción, todos los lugares: «porque, al centro, estoy yo, y a la derecha,/ también, y, a la izquierda, de igual modo [51]».

Mas el poeta, ante este universo agigantado y descomunal que le arrastra, realmente se siente sobrepasado. Ante esta universalización del sueño realizada por el propio poeta, el sujeto lírico, pletórico de lo que sueña, se sabe pequeño e indeciso. Ante el «voluntario de España», cuando «el miliciano de huesos fidedignos [...] marcha a matar con su agonía mundial», el poeta no sabe bien qué hacer:

> [...] dónde ponerme; corro, escribo, aplaudo,
> lloro, atisbo, destrozo, apagan, digo
> a mi pecho que acabe, al bien que venga,
> y quiero desgraciarme [52].

El espacio exterior universalizado le hace al poeta *«cuadrúmano»*, a pesar de que descubre tener *«pequeñez en traje de grandeza»*.

Este proceso de *gigantización* del mundo exterior se corresponde con una *gulliverización* del poeta. A la indecisión de no saber muy bien cómo hacer para conseguir un

---

[50] [Me viene, hay días, una gana ubérrima, política...], de *[PH]*. Subrayado mío.

[51] «Sermón sobre la muerte», de *[PH]*.

[52] «Himno a los voluntarios de la República», de *EspAC*.

paralelismo entre él y el hombre y el universo soñados, le sigue un empequeñecimiento de sus cosas más íntimas y queridas: si la vida aumenta, su muerte se empequeñece. La muerte que en el miliciano es vida universal, en él disminuye hasta ser acento y sobrarle tamaño. Los golpes de la vida con los que cabalgaban los heraldos negros de la muerte en 1919, ahora, en 1937, se vuelven «fatídicos teléfonos». Si antes era «yo no sé», ahora es la absoluta afirmación de su llegada. Esta *gulliverización* personal es como la vuelta al vientre, como la certeza de sentirse seguro en el interior de la humanidad. El espacio curvo y volátil aumenta, mientras él se acurruca en su seno:

> Me sobra ya el tamaño, bruma elástica,
> rapidez por encima y desde y junto.
> ¡Imperturbable! ¡Imperturbable! Suenan
> luego, después, fatídicos teléfonos.
> Es el acento; es él[53].

La *gulliverización* vallejiana conlleva una universalización familiar. La familia, que habita el hogar universal soñado, amplía sus lazos. Ahora tiene «[...] caminantes suegros,/ cuñados en misión sonora,/ yernos [...]»[54]. El pensamiento es transparente y «geométrico». El escarnio «pequeño de encogerse» por el paso del tiempo «tras de fumar su universal ceniza»[55], es algo tan diminuto como «secretos caracoles». «La punta del hombre», es decir, la cima de la montaña a la que el escalador de la vida llega, «acorde de lápiz», tiene «[...] gusanos hembras,/ gusanos machos y gusanos muertos». Tan pequeño como el caracol que se introduce en su concha, el gusano se fusiona con «un pedazo de queso»:

> Acorde de lápiz, tímpano sordísimo,
> dondoneo en mitades robustas
> y comer de memoria buena carne,
> jamón, si falta carne,

---

[53] [El acento me pende del zapato], de *[PH]*.
[54] [La punta del hombre], de *[PH]*.
[55] *Ibídem.*

ESPAÑA, APARTA DE MÍ ESTE CÁLIZ

César Vallejo, un hombre, todo un hombre, nada menos que todo un poeta, ha muerto. Aquí está el testamento donde los españoles somos designados herederos: «España, aparta de mí este cáliz». Herencia de angustia, herencia de verdad que él recibió de España y como buen peruano, como americano de ley, a España devuelve en onzas de dolor contantes y sonantes.

Hace ya muchos años le conocí en Madrid (1931 y antes de la proclamación de la República). Entonces andaba perseguido además de por la miseria por el orden que luego ha estallado en invasión de España y al que César Vallejo se oponía con toda su pureza madura. Muchos, entonces jóvenes estudiantes, aprendimos en él, en sus ojos hundidos en propio fuego de su mirada, la lección de su insobornable poesía, de su inclaudicable justicia.

Poeta peruano autor de otros libros — «Trilce», por ejemplo — habitante en París ha muerto allí de España.

«Hora de España» hoy, antes de que salga a la luz su libro entronizado en nuestra causa por derecho propio, «España, aparta de mí este cáliz», ofrece a sus lectores tres poemas de dicho libro como testimonio vivo de su agónica angustia esencial y entrañable.

Y al mismo tiempo, rinde así homenaje y recuerdo al inseparable compañero de letras y armas y al Poeta, sin adjetivos, que en él alentaba.

A. S. P.

1

Niños del mundo,
si cae España —digo, es un decir—
si cae
del cielo abajo su antebrazo que asen,
en cabestro, dos láminas terrestres;
niños, ¡qué edad la de las sienes cóncavas!
¡qué temprano en el sol lo que os decía!
¡qué pronto en vuestro pecho el ruido anciano!
¡qué viejo vuestro 2 en el cuaderno!

Número XXIII de *Hora de España* en el que se reprodujo como homenaje a Vallejo, algún texto de *España, aparta de mí este cáliz*, en 1938.

> y, un pedazo de queso con gusanos hembras,
> gusanos machos y gusanos muertos[56].

El pensamiento puede incluso, como afirma en el mismo poema, hacerse geométrico: «Oh pensar geométrico al trasluz». La luz exterior puede ya penetrar dentro de él. Lo sólido, específico del espacio cerrado anterior, se volatiliza en este nuevo espacio abierto. El *humo* y el *polvo* serán sus símbolos: «por entre mis propios dientes salgo *humeando*/ dando voces»[57].

En [Oye a tu masa, a tu cometa, escúchalos, no gimas...], es altamente evidente este nuevo espacio y su correspondencia con lo volátil. El movimiento genera un enorme dinamismo:

> *rómpete en círculos;*
> *fórmate, pero en columnas combas;*
> *descríbete atmosférico, sér de humo,*
> a paso redoblado de esqueleto[58].

La atmósfera, los astros, los planetas... Las fuerzas del espacio abierto y exterior, toman una presencia cualitativa importante en la última producción vallejiana. En [Ande desnudo, en pelo, el millonario...], poema de connotaciones proféticas, en el que las maldiciones alcanzan su punto culminante, los elementos curvos y volátiles cobran una especial relevancia a lo largo del poema, con claras alusiones a las *manos* y lo que ellas significan en el seno de la *Estética del Trabajo:* «dad de beber al diablo con vuestras manos»[59]. Este poema, ciertamente plagado de elementos volátiles, curvos; con una presencia epifánica de la naturaleza y el hombre, con un universo agigantado y luminoso, expresa ya claramente la transformación vallejiana.

El triunfo en las elecciones de 1936 del *Frente Popular,* es saludado por Vallejo con una exaltación espacial curva,

---

[56] *Ibídem.*
[57] «La rueda del hambriento», de *[PH].*
[58] Subrayado mío.
[59] [Ande desnudo, en pelo, el millonario...], de *[PH].*

en la que el fuego, y su inmensa carga de polivalencia[60] juega un muy importante papel:

Un día *prendió* el pueblo su *fósforo cautivo,* oró de cólera
y *soberanamente pleno, circular,*
cerró su natalicio con manos electivas[61].

El humo, signo del fuego, tiene sobre éste volumen y volatilidad, siendo por demás, resultado de él mismo. Vallejo, insiste en este poema en él, entendiéndolo como emanación popular:

[...]
(Todo acto o voz genial viene del pueblo
y va hacia él, de frente o *trasmitido*
por incesantes briznas, por el *humo* rosado
de amargas contraseñas sin fortuna)[62].

El humo es la vida. En «Terremoto», Vallejo se cuestiona si «¿Hablando de la leña, callo el fuego». Es decir ¿es posible hablar de lo sólido y callar lo volátil, que, al cabo, no es más que una transformación de un determinado estado de la naturaleza? Las imágenes vallejianas son una clara respuesta. Lo volátil será permanente en *EspAC.*

El comienzo de «II» es una letanía de salutación vitalista. Bajo el extremeño, Vallejo oye:

[...]el *humo* del lobo,
el *humo* de la especie,
el *humo* del niño,
el *humo* solitario de los trigos,
el *humo* de Ginebra, el *humo* de Roma, el *humo* de Berlín
y el de París y el *humo* de tu apéndice penoso
y el *humo,* que al fin, sale del *futuro.*

---

[60] Para un estudio del fuego y su polivalencia poética. Cfr. G. Bachelard, *Sicoanálisis del Fuego;* G. Durand, *op. cit.,* especialmente, páginas 160-173.

[61] «Himno a los voluntarios de la República», de *EspAC.* Subrayado mío.

[62] *Ibídem.*

> *¡Oh vida! ¡oh tierra! ¡oh España!*
> ¡Onzas de sangre,
> metros de sangre, líquidos de sangre,
> sangre a caballo, a pie, mural, sin diámetro,
> sangre de cuatro en cuatro, sangre de agua
> y sangre muerta de la sangre viva!

El humo de la vida está costando enormes cantidades de sangre, de sacrificio «sin diámetro». El humo y la sangre generan un paisaje de *polvo,* que como el primero asciende y se integra en el cosmos visionario del poeta. El miliciano español sumergido en su propio sacrificio y en su heroísmo humano, es él mismo un «grupo ». En él hay «masas de a uno» porque, «locos de *polvo*» están «ganando en español toda la tierra» y no saben «dónde poner su España», que no es más que un «beso de orbe», es decir, circular y completo.

Junto al humo y el fuego, el *polvo* ascendente, como símbolo del futuro. Polvo que nace de los escombros como resultado de la muerte colectiva en la batalla. Polvo que es «biznieto del humo», que permite la constitución de una pareja polivalente (España/ Fuego). El *polvo* como imagen ascendente y que es el centro motriz de «Redoble fúnebre a los escombros de Durango», poema perteneciente, lógicamente, a *EspAC:*

> [...]
> Padre polvo, sudario del pueblo,
> Dios te salve del mal para siempre,
> padre polvo español, padre nuestro.
>
> Padre polvo que vas al futuro,
> Dios te salve, te guíe y te dé alas,
> padre polvo que vas al futuro.

El futuro está pues habitado por el polvo, por el «río atroz del polvo», como escribe en [¿Y bien? ¿Te sana el metaloide pálido?...] En este poema, una vez más la presencia curva del espacio es conectada al tiempo que es además circular: «Esclavo, es ya la hora circular/ en que las dos aurículas se forman/ anillos guturales, corredizos, cuaternarios».

El ser humano ya conoce su entorno. El tiempo y el espacio circulares guardan una relación con el mundo igualmente circular. Los puntos cardinales y su conocimiento profundo son expresiones de la consciencia del ser humano. Con su conocimiento el ser humano puede ya orientarse frente al azar de un «naipe» y encontrar la brújula que señala al propio hombre como norte de la misma: «conocedor de rosas cardinales, totalmente/ metido, hasta hacer sangre, en aguijones, en aluminio/ leyendo va en tu naipe»[63].

Sin embargo, junto a este mundo gigantesco y utópico, soñado y deseado en España, la realidad francesa, su realidad inmediata y cercana, está fragmentada. Las cosas no guardan correlación, no pertenecen al universo de las categorías recíprocas. La familia universal está separada en su entorno inmediato.

Esta evidencia cotidiana aparece, igualmente, en su poesía. La pareja formada por el vino y la botella, por el contenido y el continente, por lo líquido y lo sólido, no encuentra, como en *España*, su síntesis gaseosa de transformación. Muy probablemente a raíz de un suceso que narra su viuda, Vallejo escribiera [¡Oh botella sin vino! ¡Oh vino...].

Según Georgette de Vallejo[64], en una ocasión se encontraron tan necesitados de dinero, que Vallejo, ante la imposibilidad de conseguirlo, decidió, en un rapto de orgullo personal, salir a la calle para vender una botella de vino que les quedaba en casa. Negándose a ser un mendigo le puso precio a la botella y esperó. El resultado, ciertamente, no pudo ser más desolador. Ningún transeunte supo descifrar lo que Vallejo pretendía y nadie compró el vino. A su vuelta decidieron beberlo. Es fácil suponer lo que debió de significar para ellos descorchar la botella. Creo que esta

---

[63] «El libro de la Naturaleza», de *EspAC*.
[64] Georgette de Vallejo: *César Vallejo. Obras Completas,* Barcelona, Laia, 1977, III, págs. 202-203.

experiencia emocional, este material básico extraído de la realidad, fue posteriormente transformado en el poema arriba citado. De cualquier forma, aún en el supuesto de que mi hipótesis fuera cierta, no añadiría a la evidente fragmentación que resulta del poema, más que una simple anécdota que confirmaría la tesis fundamental que sustento, es decir, la existencia de una realidad partida y cotidiana, en contraposición al espacio y al símbolo *España*.

Desde el primer verso la no reciprocidad de los elementos está resaltada: «¡Oh botella sin vino! ¡Oh vino que enviudó de esta botella!». La tarde, a su vez, está flameada «funestamente en cinco espíritus». El poeta, que siente una «general melancolía», observa desde el suelo «la zuela sonante en sueños». Los transeúntes no son más que simples animales de dos piernas, neutros e incapaces de trasmitir calor, «metaloides» como los califica el sujeto lírico y que por demás no son más que «células orales acabando». Desde el espacio ínfimo desde el que el poeta observa su realidad inmediata, ellos, las personas que ocupan el espacio que le rodea no le producen más que desprecio:

¡Sublime, baja perfección del cerdo,
palpa mi general melancolía!
¡Zuela sonante en sueños,
zuela
zafia, inferior, vendida, lícita, ladrona,
baja y palpa lo que eran mis ideas!

Frente al espacio utópico que ocupa *España* el *nosotros* no existe en este poema, los pronombres no encuentran más plural que «ellos», es decir, los otros, los que están en el otro lado y son incapaces de comprender la situación en la que se halla el sujeto poético. Si en *España* se lucha por todos los hombres, en su realidad cotidiana el hombre no piensa más en él mismo:

Tú y él y ellos y todos,
sin embargo,
entraron a la vez en mi camisa,
en los hombros madera, entre los fémures, palillos;

tú particularmente,
habiéndome influido;
él, fútil, colorado, con dinero
y ellos, zánganos de ala de otro peso.

¡Oh botella sin vino! ¡oh vino que enviudó de esta botella!

La fragmentación de esta realidad aparece en la poesía vallejiana de dos formas distintas. Una, la expuesta arriba, como centro del poema; otra, por medio de la utilización de un determinado lenguaje, sin expresión directa de contenido alguno aparentemente, pero que en este contexto de fragmentación espacial, se refleja en la presencia seca y cortante de las palabras descontextualizadas. Esta especie de «semántica de la fragmentación» permite una comprensión poética, aunque no gramatical, del texto. Así, en [La paz, la abispa, el taco, las vertientes...], Vallejo, en las cinco estrofas que componen el poema, utiliza categorías distintas, para recorrer el camino que separa a la realidad del sueño. La primera estrofa, escrita enteramente por sustantivos, tanto en plural como en singular, y en algún caso acompañados de su artículo correspondiente, nos muestra la sequedad de una realidad árida y cortante, contrarrestada por una presencia de sustantivos abstractos y concretos. La segunda, la escribe por medio de adjetivos. La tercera, gerundios. La cuarta, adverbios y algún pronombre. La quinta y última, por medio de adjetivos sustantivados, que en este caso, son además, conceptos. El poema se inicia por un sustantivo abstracto, «paz», y concluye con el adjetivo sustantivado «lo profundo». Las conclusiones a las que se puede llegar parecen obvias, baste recordar el sentido de profundidad ya analizado en estas páginas, para entender que el poema no es un simple juego de malabarista. Este segundo tipo de fragmentación, pienso que es de una gran importancia.

En el poema la fragmentación de las categorías oracionales en la que los distintos elementos defienden su propia independencia sin posibilidad de función ni fusión en la oración, incapaces de encontrar una expresión coherente en lo gramatical, sí la encuentran en esta «semántica espacial de la fragmentación» que sirve de contrapunto negativo frente al símbolo *España*. Por demás, en el poema existe, en no pocos casos, una separación de elementos contrarios, incapaces de fusionarse. Es cierto que existen parejas contrarias y complementarias, pero se encuentran en estrofas distintas. Entre las contrarias tienen especial relevancia «la parte» (primera estrofa)/ «lo todo» (quinta estrofa); «el desconocimiento» (primera estrofa)/ «lo profundo» (quinta estrofa); «Dúctil» (segunda estrofa)/ «lo táctil» (quinta estrofa)... Entre el segundo tipo de parejas hay, entre otros muchos, los siguientes ejemplos: «las gotas» (primera estrofa)/ «lo mojado» (quinta estrofa); «la potestad» (primera estrofa)/ «lo suntuario» (quinta estrofa)...

Esta misma técnica de semántica espacial de la fragmentación la vuelve a utilizar en su poema [Transido, salomónico, decente...]. En este caso la fragmentación no es tan brusca, aunque sí igualmente evidente. «¿Recordar? ¿Insistir? ¿ir? ¿Perdonar?» pregunta el sujeto lírico, para al final concluir en el pesimismo al que le obliga su entorno más cercano: «Inciertamente irá, acobardarase, olvidará».

Este mundo, este espacio fragmentario y contrapuesto con *España,* no encuentra sólo sus diferencias en los conceptos ideológicos inherentes por estas fechas a Vallejo. Las diferencias gramaticales son, igualmente, esenciales. En el símbolo *España* encuentra el triunfo coherente de su propio lenguaje y la expresión material del sueño.

Mas la utopía vallejiana con respecto al espacio no consiste siquiera en el espacio volátil y curvo que ve en *España*. La utopía vallejiana es la inexistencia de espacio. Si en *HN* Vallejo lucha contra él por medio del amor: «Amor contra el espacio y el tiempo»[65] en *[PH]* el amor no luchará, sino que conseguirá hacerlo desaparecer:

> Cuando ya no haya espacio
> entre tu grandeza y mi postrer proyecto,
> amada,

---

[65] «Absoluta», de *HN*.

> volveré a tu media, haz de besarme,
> bajando por tu media repetida,
> tu portátil ausente, dile así...[66]

La inexistencia de espacio no conlleva, lógicamente, inexistencia de tiempo.

El espacio vallejiano sufre, pues, distintos procesos. Se inicia con uno cerrado y lineal, seguido de otro doble; por un lado, volátil y curvo, por otro, quebrado y seco; para finalmente terminar propugnando la utopía de su inexistencia.

A pesar de la generalidad que implica cualquier intento de resumir en un cuadro los múltiples aspectos del espacio vallejiano y su simbología fundamental, entiendo que la siguiente clasificación puede ayudar a comparar con claridad la transformación espacial ocurrida en la poesía vallejiana. Intentaré pues resumir las características fundamentales:

	T	[PP] Y [PH]*	EspAC
Cuerpo	Malformado		Gigantismo y gulliverización.
Lenguaje	Cortante y rígido.		Armonioso.
	Paralelismos disonantes.	Fragmentación gramatical.	Gramática coherente.
	Repeticiones. Pérdida del diminutivo.	Aparición del diminutivo.	Presencia importante del diminutivo.
	Inversiones y contracciones semánticas.		Semántica lógica.
	Oscuro.		Claro.

---

[66] [¡Dulzura por dulzura corazona...], de *[PH]*.

Espacio	Sólido. Cerrado. Cuadrado. Descendente.	Curvo. Semántica espacial de la fragmentación.	Volátil. Abierto y Circular Ascendente.
	El interior vence al exterior.	El exterior vence al interior.	El exterior y el interior equivalentes.
Símbolos	Uñas. Celda. Lluvia.		Polvo. Humo. Fuego. España.
Utopía	Muerta inmortal.		Ideologización de la muerte. Familia universal.
		Inexistencia de espacio.	Inexistencia de espacio.
	Amor personal liberador.	Amor universal.	Amor universal.

* Dado que *[PP]* y *[PH]* no pueden considerarse más que como dos colecciones de poemas, sus características son, obligatoriamente, muy generales.

Breve biografía de César Vallejo

En el barrio de Cajabamba y en el número 96 de la calle Colón (hoy César Vallejo), de Santiago de Chuco (Perú), y que actualmente sirve de polvorín para la policía, nació un 16 de marzo de 1892 César Abraham Vallejo.

Entre 1900 y 1905 realiza estudios en la Escuela Municipal y más tarde en el Centro Escolar número 271, ingresando en 1910 en la Facultad de Letras de la Universidad de Libertad (Trujillo), teniendo, por cuestiones económicas, que regresar pronto al hogar familiar. Trabaja entonces en las minas de Quiruvilca, hasta que son adquiridas por una sociedad norteamericana. Esta experiencia resultará fundamental en su vida y en su obra. Su novela *El Tungsteno* se basa justamente en ella.

Más tarde, con la ayuda de su padre y su hermano Víctor, se marcha a Lima con el propósito de estudiar medicina. De nuevo, los problemas económicos le obligan a abandonar sus estudios y entra como preceptor en la hacienda de Acobamba, distrito de San Francisco, en la provincia de Pasco. Pretendía poder costearse sus estudios, pero al año siguiente, 1912, se encuentra trabajando como ayudante de cajero en la hacienda azucarera Roma. Su viuda, Georgette de Vallejo, nos cuenta las condiciones en las que trabajaban los peones de la hacienda. Vallejo, sin duda, debió referirle en más de una ocasión, sus impresiones:

> ... todas estas pobres criaturas [los peones] han sido salvajemente capturados por siniestros «enganchadores» y co-

71

bardemente retenidos por vida con el alcohol que, dominicalmente y con deliberada intención, se les vende a crédito. Irremediablemente endeudados, haciéndose insolventes en pocas semanas —cubriendo rápidamente su deuda un número de años superior al que van a vivir— habrán los peones de garantizarla con esto que sólo les queda: *sus hijos, nacidos o por nacer*[1].

Renuncia a su puesto en enero de 1913 y en marzo de 1914 ingresa en la Facultad de Filosofía y Letras de la Universidad de Libertad, por segunda y definitiva vez, trabajando, también, como preceptor en el Centro Escolar de Varones.

Años antes ha aparecido *En busca del tiempo perdido,* de Marcel Proust. El cubismo ha dado resultados muy importantes. Europa se debate entre una crisis cultural y la primera de las guerras mundiales. Entre abril y setiembre de 1914, Vallejo publica sus primeros poemas en la prensa de Trujillo y en el «Día de la Raza», recita junto con Raúl Haya de la Torre, creador del partido aprista, con el que le unirán lazos de amistad hasta su separación definitiva en 1928.

En 1915, a la par que continúa sus estudios, se matricula en la Facultad de Derecho de la misma Universidad, abandonándolos en poco tiempo, así como su puesto en el Centro Escolar de Varones, ingresando como maestro, en el Colegio Nacional San Juan. Entre sus discípulos se encontraba el escritor Ciro Alegría, que le recuerda así:

Mas la personalidad de Vallejo inquietaba tan sólo de ser vista. Yo estaba definitivamente conturbado y sospeché que de tanto sufrir, y por irradiar así tristeza, Vallejo tenía que ver tal vez con el misterio de la poesía[2].

Mientras, Vallejo termina su licenciatura e inicia el estudio de la literatura. Lee profundamente todo lo que cae en sus manos y se familiariza con Cervantes, Quevedo, Whitman, Kierkegaard, Darío... El 25 de setiembre

---

[1] G. de Vallejo: *op. cit.,* III, pág. 99.
[2] Ciro Alegría: «El César Vallejo que yo conocí», en CVJO, pág. 156.

de 1915, el diario *La Reforma* publica su primer soneto «Campanas Muertas», bajo el influjo de la muerte de su hermano Miguel, a quien dedicará una elegía en *Los Heraldos Negros,* su primer libro de poemas, publicado en 1918 y distribuido en 1919.

En 1917 conoce a Zoila Rosa a la que llamaría Mirtho y a quien dedica una gran cantidad de poemas en su primer libro. Más tarde se traslada a Lima y mantiene relaciones amorosas con Otilia Villanueva, que inspirará buena parte de los poemas amorosos de su segundo libro de poemas, *Trilce.* Las relaciones con Otilia terminan y por demás, su madre, con la que mantiene una relación profundísima, muere. Durante una visita a su pueblo natal, en 1919, Vallejo es acusado injustamente de ser el instigador de una sangrienta reyerta entre partidarios y opositores del presidente Leguía. Es perseguido y, tras varios intentos de clandestinidad, apresado. Durante más de tres meses estará recluido en prisión, pasando esta experiencia a ser una constante en su vida y su obra. Finalmente, consigue la libertad condicional en febrero de 1921, gracias a la presión ejercida por diversos grupos de estudiantes e intelectuales. Pero el proceso judicial es poco tranquilizador y decide exiliarse a Europa. El 13 de julio llega a París, residiendo en esta ciudad hasta su muerte, salvo durante 1931, que lo hará en Madrid y sus cortas estancias en la U.R.S.S. en 1928, 1930 y 1931.

En abril de 1931, por intermedio de Armando Bazán, ingresa en el Partido Comunista de España, habiendo fundado en 1928 una célula comunista en París, en apoyo de Mariátegui en Perú.

Muere el 15 de abril de 1938. Su cadáver fue utilizado políticamente. Su obra, apenas conocida.

Esta edición

Cualquier ordenación no realizada por el autor es arbitraria, así pues, conviene decir desde el principio que ésta no deja de serlo, y, por demás, si se trata de un texto que ya posee una que, en gran medida, puede considerarse tradicional. Entonces, la modestia no es mala consejera, mas tampoco la firmeza de convicciones cuando está argumentada. Entre estos dos polos me he movido a la hora de proponer esta nueva ordenación de *[PH]*. *[PH]* es una colección de 76 poemas que, como es sabido, Vallejo dejó no sólo sin ordenar, sino maravillosamente desorganizados. Para quien ama la vida, la muerte no es reloj de horas previsibles.

Ni siquiera puede asegurarse que Vallejo diera por válidos para su impresión todos los poemas. Más bien se podría asegurar lo contrario. La realidad es simple: conocemos dos libros de Vallejo bajo los títulos de *[Poemas en Prosa]* y *[Poemas Humanos]*, con la absoluta seguridad de que el autor los hubiera organizado de manera distinta. Basta con comprobar la ordenación casi matemática de *HN*, *T* y *EspAC*.

Para el estudioso de su poesía penetrar en estos 95 poemas es lo mismo que entrar en una selva. Es decir, en el núcleo mismo de la creación. En esto radica justamente la maravilla.

No pretendo olvidar, sin embargo, los riesgos críticos que conlleva cualquier nueva ordenación de un texto. La costumbre es colchón mullido. Pero por encima de todo debe imperar el respeto al poeta y entiendo que, en casos como el que nos ocupa, la ordenación cronológica posee enormes ventajas, y más aún, si está al servicio de una metodología que bien podría encuadrarse bajo la denominación de *comparativismo interno.* La cronología despeja algunos enigmas que se dificultan sin la ordenación.

Juan Larrea *(Poesía completa,* Barcelona, Barral, 1978) propone a su vez, nueva ordenación y títulos para estas dos colecciones. Sus criterios son tan arbitrarios como los de la tradicional. Propone que sus títulos sean [*Nómina de huesos*] y [*Sermón de la Barbarie*], utilizando 41 y 54 poemas respectivamente para cada título.

He tenido delante la reproducción facsímil de los manuscritos en todo momento. Un extenso grupo de poemas —los fechados por el autor en su revisión— no plantea problema alguno por lo que los he ordenado siguiendo su cronología. Evidentemente la cronología no corresponde con la fecha exacta de su gestación, pero Vallejo introdujo tal cantidad de variaciones que en no pocos casos bien pudieran hacerse coincidentes ambas fechas. El único problema consiste en considerar definitivos unos textos que probablemente aún estuvieran en elaboración en el momento de la muerte del autor. Pero esto, desgraciadamente, es irreversible, y no existe más camino que considerarlos como tales. Un segundo grupo sigue las fechas aportadas por su viuda en cuanto al año de su primera redacción, pero comprobando la fiabilidad del mismo, tal como se indica en cada caso. Y, finalmente, un reducido número de poemas de los que ni la viuda ni el poeta dan fecha alguna, que los he ordenado siguiendo sus familias temáticas y formales, teniendo en gran medida la seguridad de estar moviéndome entre límites cronológicos de tan sólo dos o tres años.

[Poemas en Prosa] ha sido ordenado siguiendo las ediciones tradicionales. En ellas existen problemas con dos textos (tal como indico en sus notas correspondientes) de los que no se tiene la certeza de que pertenezcan a la fecha que indicó en su día la viuda de Vallejo, y que todas las ediciones han respetado.

Para *España, aparta de mí este cáliz* he seguido la primera edición (Monserrat) que en un trabajo anterior (1984) ya di a la luz pública. Existen diferencias entre Monserrat y las otras ediciones de *EspAC*. Hay un poema, el «II», que en todas las ediciones lleva por título «Batallas», y que en la príncipe no lleva ninguno, mientras que el famosísimo poema «III», en ésta se llama «Pedro Rojas» y en las tradicionales no lleva título alguno. Algo similar sucede con el poema «XI», que en las tradicionales tiene un verso de más. Mayor importancia tiene la colocación de dos poemas, «España, aparta de mí este cáliz», tradicionalmente en último lugar y que en Monserrat ocupa el lugar catorce, mientras que el poema «XV» en Monserrat, ocupa el catorce en las tradicionales. Sin duda la ordenación Monserrat es infinitamente más vallejiana, puesto que de todos es conocida la actitud rigurosamente crítica de Vallejo ante las luchas intestinas de los partidos políticos en la Guerra de España. La edición Monserrat prueba a su vez, la existencia de dos manuscritos, el que se utilizó para su edición y el que se ha utilizado para las tradicionales. Si el primero recoge todas las correcciones del segundo y además aporta nuevos datos, como son la variación de lugar de dos poemas («XV» y «XIV»), titular otro («Pedro Rojas»), quitar a un poema un verso («XI»), y a otro su anterior título («Batallas»); entiendo que no es posible extraer otra conclusión a la de que el manuscrito de Monserrat es el definitivo.

Confío en que esta nueva ordenación aporte una mayor facilidad y rigor para la lectura de la poesía vallejiana. En definitiva, es lo único realmente importante.

Abreviaturas utilizadas

ACV	*Aproximaciones a César Vallejo,* Nueva York, Las Américas, 1971, II, comp. Ángel Flores.
CRICCAL	*CRICCAL,* Université de la Sorbonne nouvelle París III, primer trimestre 1986.
CVJO	*César Vallejo,* Madrid, Taurus, 1981, comp. Julio Ortega, 2.ª ed.
EspAC	*España, aparta de mí este cáliz.*
G. V.	Georgette de Vallejo, viuda del poeta.
HN	*Los Heraldos Negros*
MCL	*Obra Poética Completa,* Lima, Moncloa, 1968, comp. G. V.
Monserrat	*España, aparta de mí este cáliz,* Barcelona (Monserrat), Ediciones Literarias del Comisariado. Ejército del Este, 1939.
MS	Manuscritos de César Vallejo.
[PH]	*Poemas Humanos.*
PLGCE	*Les poètes latinoaméricains devant la Guerre Civile d'Espagne,* París, 1986.
[PP]	*Poemas en Prosa.*
T	*Trilce.*

Bibliografía general*

I. Obra poética de César Vallejo. Ediciones principales.

Los Heraldos Negros, Lima, Souza Ferreira, 1918. (No se distribuirá hasta 1919.)
Trilce, Lima, Talleres de la Penitenciaría, 1922.
Trilce, Madrid, Compañía Iberoamericana de Publicaciones, 1930.
España, aparta de mí este cáliz, Monserrat, Ediciones Literarias del Comisariado. Ejército del Este, 1939.
Obra Poética Completa, Lima, Moncloa, 1968.
Obra Completa, Barcelona, Laia, 1976-1978 (8 volúmenes).
Poesía Completa, Barcelona, Barral, 1978.
Obra Poética Completa, Madrid, Alianza, 1982.

II. Libros sobre César Vallejo

ABRIL, Xavier, *Vallejo: ensayo de aproximación crítica,* Buenos Aires, Front, 1958.
ARÉVALO, Guillermo Alberto, *César Vallejo. Poesía en la historia,* Bogotá, Carlos Valencia, 1977.
BALLÓN AGUIRRE, Enrique, *Crónicas de César Vallejo,* México, Universidad Nacional Autónoma, 1985, 2 volúmenes (contiene las crónicas vallejianas de prensa desde 1925 a 1937).

---

* Dado que en mi libro (en colaboración con Antonio Merino) *España en César Vallejo* (véase esta misma bibliografía) ya aparece una bibliografía general bastante exaustiva (hasta 1980), únicamente incluyo en ésta los trabajos no reseñados en la primera por lo que, lógicamente, la mayoría de los artículos y libros son posteriores a 1980, acompañados de aquéllos, que entiendo como fundamentales.

— *Poetología y Escritura,* México, Universidad Nacional Autónoma, 1985.

BOLÓN, Alma, *Recherche sémasiologique sur l'écart poétique à partir d'un ensemble de poèmes de César Vallejo,* Études Ibériques París III, 1985 (memoria de licenciatura).

BRAVO, Frédéric, *Les néologismes et les archaïsmes de Trilce,* Univeristé de Bordeaux III, 1980 (memoria de licenciatura).

CABEZA OLÍAS, Emilio, *Prosa creativa y prosa crítica de César Vallejo,* New York University, 1972 (tesis doctoral).

CASTAÑÓN, José Manuel, *Epistolario General,* Valencia, Pre-textos, 1984.

COYNÉ, André, *César Vallejo y su obra poética,* Lima, Letras Peruanas, 1958.

— *César Vallejo,* Buenos Aires, Nueva Visión, 1968.

ESPEJO ASTURRIZAGA, Juan, *César Vallejo, itinerario del hombre,* Lima, Mejía Baca, 1969.

FERRARI, Américo, *El universo poético de César Vallejo,* Caracas, Monteávila, 1972.

— *César Vallejo. Obra Poética Completa,* Madrid, Alianza, 1982.

FLORES, Ángel, *Aproximaciones a César Vallejo,* Nueva York, Las Américas, 1971 (2 volúmenes).

— *César Vallejo. Síntesis biográfica, bibliografía e índice de poemas,* México, Premiá, 1982.

FRANCO, Jean, *César Vallejo. La Dialéctica de la Poesía y el Silencio,* Buenos Aires, Sudamericana, 1984 (trad. Luis Justo).

FUENTES, Víctor, *El cántico material y espiritual de César Vallejo,* Barcelona, Atlántida, 1981.

HERRERO, Francisco, *César Vallejo. Las novias de París,* Madrid, Ediciones, La Idea, 1987 (contiene una recopilación de artículos de Vallejo sobre tema femenino. No se consignan fecha ni revista).

HIGGINS, James, *Visión del hombre y de la vida en las últimas obras poéticas de César Vallejo,* México, Siglo XXI, 1970.

— *The poet in Peru,* Liverpool, 1982.

LARREA, Juan, *Al amor de Vallejo,* Valencia, Pre-textos, 1980 (contiene casi todos los artículos hasta 1980 publicados por el autor sobre Vallejo).

MARTÍNEZ GARCÍA, Francisco, *César Vallejo. Poemas Humanos. España, aparta de mí este cáliz,* Madrid, Castalia, 1987.

MEO ZILIO, Giovanni, *Stile y Poesía in César Vallejo,* Padua, Liviane, 1960.

ORTEGA, Julio, *César Vallejo,* Madrid, Taurus, 1975.

— *Figuración de la Persona,* Madrid, Edhasa, 1971.

PAOLI, Roberto, *Alle origini di Trilce: Vallejo fra modernismo e avanguardia,* Verona, Pallazzo Giuliari, 1966.

PODESTÁ, Guido, *César Vallejo: su estética teatral,* Mineapolis/ Valencia/ Lima, Institute for the study of ideologiees & Literature/ Instituto de cine y radio-televisión/ Universidad Nacional Mayor de San Marcos, 1985 (contiene obras y escritos teatrales inéditos de César Vallejo:

Les Taupes; cinq scènes et un épilogue. Escrito mecanografiado, Lima, Biblioteca Nacional, 17 págs.

Le Mort; tragédie en un acte. Escrito mecanografiado, Lima, Biblioteca Nacional, 18 págs.

Colacho Hermanos; farsa en tres actos y cinco cuadros. Escrito mecanografiado, Lima, Biblioteca Nacional, 85 págs.

«Primera versión del último acto» anexo de *Colacho Hermanos.* Escrito mecanografiado, Lima, Biblioteca Nacional, 23 páginas.

Le songe d'une nuit de printemps. Escrito mecanografiado, Lima, Biblioteca Nacional, 4 págs.

Suite et contrepoint. Escrito mecanografiado, Lima, Biblioteca Nacional, 2 págs.

Presidentes de América; (guión cinematográfico). Escrito mecanografiado, Lima, Biblioteca Nacional, 10 págs.

Dressing-Room. Escrito mecanografiado, Lima, Biblioteca Nacional, 7 págs.

«Temas y notas teatrales.» Escrito mecanografiado, Lima, Biblioteca Nacional, 3 págs.

«Notes sur une nouvelle esthétique théâtrale.» Escrito mecanografiado, Lima, Biblioteca Nacional, 7 págs.

ROSELLI, Ferdinando; FINZI, Alessandro y ZAMPOLLI, Antonio, *Diccionario de concordancias y frecuencias de uso en el léxico poético de César Vallejo,* Firenze/ Pisa, Instituto di Lingue Straniere, Economia e Commercio/ Divisione Linguistica del CNVCE-CNR/ Catteda di Linguistica, 1985.

VALLEJO, Georgette de, *Teatro Completo de César Vallejo,* Lima, Pontificia Universidad Católica del Perú, 1979.

VARIOS, *César Vallejo,* Tubingen, Verlag, 1981 (contiene Actas del Coloquio Internacional en la Freie Universität Berlín, 7-9 de junio de 1979).

VEGAS-GARCÍA, María Irene, *Sobre la estructura del lenguaje poético de César Vallejo en Trilce,* Berkeley University, 1978 (tesis doctoral).

VÉLEZ, Julio y MERINO, Antonio, *España en César Vallejo,* Madrid, Fundamentos, 1984 (2 vls.).

VILLANUEVA, Elsa, *La poesía de César Vallejo,* Lima, Impresiones y Publicidad, 1951.

YURKIEVICH, Saúl, *Valoración de Vallejo,* Chaco (Argentina), Universidad Nacional del Noroeste, 1958.

III.   PONENCIAS Y ARTÍCULOS SOBRE CÉSAR VALLEJO

ARMISEN, Antonio, «Intensidad y Altura: Lope de Vega, César Vallejo y los problemas de la escritura poética», en *Bulletin Hispanique,* Burdeos, julio-diciembre 1985.

ALBORNOZ, Aurora de, «La íntima lógica de César Vallejo (*Trilce,* LVIII)» en *Hacia la realidad creada,* Barcelona, Península, 1979.

BALLÓN AGUIRRE, Enrique, «La interrogante en la Poética de Vallejo», en *César Vallejo,* Madrid, Taurus, 1981 (recopilador: Julio Ortega), 2.ª ed.

CASTRO DE LEE, Cecilia, «El amor a la vida en *Poemas Humanos*», en *Boletín Cultural y Bibliográfico,* Bogotá, junio, 1982.

COYNÉ, André, «Vallejo. Texto y sentido», en *Hueso Húmero,* núms. 134-140, Lima, 1980.

DAMASCENO, Leslie, «Imágenes corporales y filosofía política en *España, aparta de mí este cáliz*», en *Mester,* núm. 9, Universidad de Oregón, 1980.

ENZENSBERGER, Hans Magnus, «Vallejo: víctima de sus presentimientos», en *CVJO.*

ESCOBAR, Alberto, «Una discutible edición de Vallejo», en *Hueso Húmero,* núms. 134-140, Lima, 1980.

— *«Notas sobre la poesía de César Vallejo», en Cahiers D'Études Romanes,* Centre d'Aix, 1986.

ESTEBAN, Claude, «Quelques remarques sur la poétique de César Vallejo», en *CRICCAL*

FELL, Claude, «Madre España. L'Espagne retrouvée et déchirée», en *CRICCAL.*

FERRARI, Américo, «Poesía, teoría, ideología», en *CVJO.*

— «César Vallejo entre la angustia y la esperanza», en *César Vallejo. Obra Poética Completa,* Madrid, Alianza, 1982.

FORGUES, Roland, «Para una lectura de *Paco Yunque* de César Vallejo», en *Revista de Lingüística y Literatura,* núm. 2, University Maryland College Park, 1981.

GHIANO, Juan Carlos, «Vallejo y Darío», en *CVJO.*

HART, Stephen, «César Vallejo's Personal Earthquake», en *Romance Notes,* núm. 25, University of North Carolina, 1984.

82

— «El arcaísmo y la motivación etimológica en *Trilce* de César Vallejo», en *Quaderni Ibero-Americani,* Turín, 1984-85.

HENRÍQUEZ, Carlos, «Un recuerdo personal de César Vallejo», en *Círculo,* núm. 8, Verona, 1981.

HIGGINS, James, «Vallejo y la tradición del poeta visionario», en *CVJO.*

JOSEF, Bella, «Trayectoria de César Vallejo», en *Belo-Horizonte,* Minas Gerais, febrero 1981.

LY, Nadine, «Stylistique, rhétorique et poétique dans les langues romanes. Le discours poétique de César Vallejo», en *Actas del XVII Congreso Internacional de Linguistique et Philologie Romanes,* VIII, Aix en Provence, 1985.

— «César Vallejo: Repères biographiques», en *Co-textes,* núm. 10, Institut International de Sociocritique, Montpellier, 1985.

— «L'ordre métonymique dans le discours poétique de César Vallejo» en *ibídem.*

— «Repères bibliographiques», *ibídem.*

— «Engagement et poétique, quelques remarques sur le discours poétique de Nicolás Guillén, Pablo Neruda et César Vallejo», en *CRICCAL.*

MARTÍN HERNÁNDEZ, Evelyne, «Un caso de transfusión poética: César Vallejo-Blas de Otero, en *Iris,* núm. 1, Montpellier, 1981.

MC. DUFFIE, Keith, «Beyond dialectcs: Language and being in *Poemas Humanos»,* en *Co-textes,* núm. 10, Montpellier, 1985.

— «César Vallejo y el creacionismo», en *La Chispa,* Nueva Orleans, 1985.

MELON, Alfred, «Guillén, Neruda, Vallejo: troix voix pour un même message», en *CRICCAL.*

MÉNDEZ-FAITH, Teresa, «Angustia tonal y tensión verbal en César Vallejo», en *Cuadernos Americanos,* núm. 247, México, 1983.

MEO-ZILIO, Giovanni, «Estado y tendencia de los estudios vallejianos», en *Studi di letteratura ibero-americana offerti a Giuseppe Bellini,* Roma, 1984.

MERTHON, Thomas, «César Vallejo», en *CVJO.*

MIGNOLO, Walter, «La dispersión de la palabra: Aproximación lingüística a poemas "Vallejo"», en *CVJO.*

MORALES SARAVIA, José, «César Vallejo y la internacionalización», en *Revista Crítica Literaria Latinoamericana,* Lima, 1984.

NÚÑEZ, Estuardo, «César Vallejo y los viajes», en *Revista de Crítica Literaria Latinoamericana,* núm. 10, Lima, 1984.

ORTEGA, Julio, «Vallejo, la poética de la subversión», en *Hispanic Review,* volumen 50, núm. 3, 1982.

— «Noticias», En Diario 16, Madrid, 16 enero 1986.

OSTERGAARD, Ole, «Lo inconsciente y lo político en *España, aparta de mí este cáliz*», en *PLGCE.*

OVIEDO, José Miguel, *«Vallejo entre la vanguardia y la revolución»,* en CVJO.

PAOLI, Roberto, «Las palabras de Vallejo», en *Revista de Lingüística y Literatura,* Lima, 1984.

PERSONNEAUX, Lucie, «Couleur et désir dans *Los Heraldos Negros»,* en *Iris,* núm. 1, Montpellier, 1981.

PIXIS, Christian, «César Vallejo», en *Akzente: Zeitschrift fur Literatur,* Munich, 1985.

PROMIS, José, «La percepción de la profundidad en César Vallejo», en *Revista de Crítica Literaria Latinoamericana,* Lima, 1986.

RAMA, Ángel, «César Vallejo y el realismo narrativo», en *Transculturación narrativa en América Latina,* México, Siglo XXI, 1982.

RODRÍGUEZ, Silvio, «Cumplir con César Vallejo», en *Revolución y Cultura,* núm. 89, La Habana, 1980.

RODRÍGUEZ, Virgilio, «Teoría de los actos de habla y análisis literario: aspectos interpretativos en "Nómina de Huesos"» en *Lexis,* Lima, 1980.

SAAD, Gabriel, «César Vallejo: Ecriture poétique, écriture politique», en *PLGCE.*

SALÄUN, Serge, «Conclusión General», en *La Poesía de la Guerra de España,* Madrid, *Castalia,* 1985.

— «César Vallejo: poète marxiste et marxiste poète» en *CRICCAL.*

SICARD, Alain, «Pensamiento y poesía en *Poemas Humanos* de César Vallejo: La dialéctica como método poético», en *Memoria del XX Congreso del Instituto Internacional de Literatura Iberoamericana,* Budapest, 1982.

SOBEJANO, Gonzalo, «Poesía del cuerpo en *Poemas Humanos»,* en *CVJO.*

SOBREVILLA, David, «Las ediciones y estudios vallejianos. 1971-1979. Un estado de la cuestión», en *César Vallejo,* Tubingen, Verlag, 1971.

— «La investigación peruana sobre la poesía de Vallejo. (1971-1974)», en *Revista de Crítica Literaria Latinoamericana,* Lima, 1975.

VALLE, María Dolores del, «The Anti-retrato in César Vallejo's *Prose Poetry», en La Chispa,* Nueva Orleans, 1985.

VARIOS, «Homenaje a César Vallejo» (textos de Cintio Vitier, Ciro

Alegría y Saúl Yurkievich), en *Puesto de Combate,* núm. 27, Colombia, 1983.

VAYSSIERE, Jean, «Symbolique chrétienne dans *Poemas Humanos* et *España, aparta de mí este cáliz», en PLGCE.*

VÉLEZ, Julio; MERINO, Antonio, «Abisa a todos compañeros pronto», en *Nuevo Hispanismo,* Madrid, primavera, 1982.

VERHESEN, Fernand, «César Vallejo, le héraut noir», en *Courrier du Centre International d'Etudes Poétiques,* Bruselas, enero-febrero 1985.

VITIER, Cintio, «Vallejo y Martí», en *Revista de Crítica Literaria Latinoamericana,* Lima, 1981.

VYDROVÁ, Hedvika, «Las constantes y las variantes en la poesía de César Vallejo», en *Iberoamericana-Pragensia,* núm. 6, 1979.

WEST, Allan, «Vallejo», en *Prismal/Cabral,* Minessota, 1981.

WIGHT, Doris Teresa, «Illuminations of Women in Stein's Tender Buttons, Vallejo's Trilce, and Artaud's L'Ombilic des limbes», en *Dissertation Abstracts International,* Miami, 1986.

YURKIEVICH, Saúl, «César Vallejo», en *Fundadores de la nueva Poesía latinoamericana,* Barcelona, Barral, 1971.

— «El salto por el ojo de la aguja», en *CVJO.*

— ««Los disparadores poéticos», en *A través de la trama,* Barcelona, Muchnik, 1984.

— *«España, aparta de mí este cáliz:* la palabra participante», en *CRICCAL.*

ZIMMERMANN, Marie-Claire, *«España, aparta de mí este cáliz:* Le Livre comme poesie et poetique du corps», en *PLGCE.*

Dibujo de César Vallejo por Picasso, 1938.

Poemas en prosa

El buen sentido*

Hay, madre, un sitio en el mundo que se llama París. 1
Un sitio muy grande y lejano y otra vez grande.

Mi madre me ajusta el cuello del abrigo, no porque em- 2
pieza a nevar, sino para que empiece a nevar.

La mujer de mi padre está enamorada de mí, viniendo y 3
avanzando de espaldas a mi nacimiento y de pecho a mi
muerte. Que soy dos veces suyo: por el adiós y por el regreso. La cierro, al retornar. Por eso me dieran tanto sus
ojos, justa de mí, in fraganti de mí, aconteciéndose por
obras terminadas, por pactos consumados.

Mi madre está confesa de mí, nombrada de mí. ¿Cómo 4
no da otro tanto a mis otros hermanos? A Víctor, por ejemplo, el mayor, que es tan viejo ya, que las gentes dicen: ¡Parece hermano menor de su madre! ¡Fuere porque yo he via-
jado mucho! ¡Fuere porque yo he vivido más!

Mi madre acuerda carta de principio colorante a mis re- 5
latos de regreso. Ante mi vida de regreso, recordando que

* Según G. V. (*César Vallejo. Obras Completas,* Barcelona, Laia, 1977,
t. III, pág. 162), este poema pertenece a 1923-24 y debió de ser escrito
en el mismo barco que transportaba a Vallejo de Perú a Europa. En cualquier caso ya había fallecido su madre.

4 Su viuda asegura que tuvo doce hermanos mientras que otros estu-
diosos once. A pesar de toda la tinta vertida, el debate carece de relevancia para la comprensión de la obra vallejiana.

viajé durante dos corazones por su vientre, se ruboriza y se queda mortalmente lívida, cuando digo, en el tratado del alma: Aquella noche fui dichoso. Pero, más se pone triste; más se pusiera triste.

—Hijo, ¡cómo estás viejo!   6

Y desfila por el color amarillo a llorar, porque me halla   7
envejecido, en la hoja de espada, en la desembocadura de mi rostro. Llora de mí, se entristece de mí. ¿Qué falta hará mi mocedad, si siempre seré su hijo? ¿Por qué las madres se duelen de hallar envejecidos a sus hijos, si jamás la edad de ellos alcanzará a la de ellas? ¿Y por qué, si los hijos, cuanto más se acaban, más se aproximan a los padres? ¡Mi madre llora porque estoy viejo de mi tiempo y porque nunca llegaré a envejecer del suyo!

Mi adiós partió de un punto de su ser, más externo que   8
el punto de su ser al que retorno. Soy, a causa del excesivo plazo de mi vuelta, más el hombre ante mi madre que el hijo ante mi madre. Allí reside el candor que hoy nos alumbra con tres llamas. Le digo entonces hasta que me callo:

—Hay, madre, en el mundo un sitio que se llama París.   9
Un sitio muy grande y muy lejano y otra vez grande.

La mujer de mi padre, al oírme, almuerza y sus ojos mor-   10
tales descienden suavemente por mis brazos.

La violencia de las horas

Todos han muerto.   1

Murió doña Antonia, la ronca, que hacía pan barato en   2
el burgo.

---

2 Debe referirse a cualquiera de las aldeas pedáneas de Santiago de Chuco.

Murió el cura Santiago, a quien placía le saludasen los 3
jóvenes y las mozas, respondiéndoles a todos, indistintamente: «Buenos días, José! Buenos días, María!».

Murió aquella joven rubia, Carlota, dejando un hijito de 4
meses, que luego también murió a los ocho días de la madre.

Murió mi tía Albina, que solía cantar tiempos y modos 5
de heredad, en tanto cosía en los corredores, para Isidora,
la criada de oficio, la honrosísima mujer.

Murió un viejo tuerto, su nombre no recuerdo, pero dor- 6
mía al sol de la mañana, sentado ante la puerta del hoja-
latero de la esquina.

Murió Rayo, el perro de mi altura, herido de un balazo 7
de no se sabe quién.

Murió Lucas, mi cuñado en la paz de las cinturas, de 8
quien me acuerdo cuando llueve y no hay nadie en mi experiencia.

Murió en mi revólver mi madre, en mi puño mi herma- 9
na y mi hermano en mi víscera sangrienta, los tres ligados
por un género triste de tristeza, en el mes de agosto de
años sucesivos.

Murió el músico Méndez, alto y muy borracho, que sol- 10
feaba en su clarinete tocatas melancólicas, a cuyo articula-

8 A pesar de estar incluido este poema en *[PP]* y por tanto ser anterior a 1929 según la ordenación tradicional realizada por G.V. *(op. cit.,*
páginas 161-62), en las notas personales de Vallejo de 1934 se lee: «Volver a escribir los poemas: "Murió Lucas, mi cuñado, etc." y "Mi autorretrato"». Si Vallejo se refiere a este poema, cosa sin duda bastante probable, no se entienden dos cuestiones: primero, porqué se presenta en todas
las ediciones como un poema definitivo. Segundo, si es éste el poema definitivo porqué se incluye en *[PP]*. Muy posiblemente se trate de un poema al que Vallejo aún no consideraba terminado.

9 La presencia de los adjetivos posesivos sugiere una actitud de culpa-
bilidad por parte del sujeto lírico.

do se dormían las gallinas de mi barrio, mucho antes de que el sol se fuese.

Murió mi eternidad y estoy velándola.   11

Lánguidamente su licor*

Tendríamos ya una edad misericordiosa, cuando mi pa- 1
dre ordenó nuestro ingreso a la escuela. Cura de amor, una
tarde lluviosa de febrero, mamá servía en la cocina el yantar de oración. En el corredor de abajo, estaban sentados a
la mesa mi padre y mis hermanos mayores. Y mi madre
iba sentada al pie del mismo fuego del hogar. Tocaron a
la puerta.

—Tocan a la puerta! —mi madre.   2

—Tocan a la puerta! —mi propia madre.   3

—Tocan a la puerta! —dijo toda mi madre, tocándose   4
las entrañas a trastes infinitos, sobre toda la altura de
quien viene.

—Anda, Nativa, la hija a ver quién viene.   5

Y, sin esperar la venia maternal, fuera Miguel, el hijo, 6
quien salió a ver quién venía así, oponiéndose a lo ancho
de nosotros.

Un tiempo de rúa contuvo a mi familia. Mamá salió,   7
avanzando inversamente y como si hubiera dicho: *las par-*

_____

* Este poema perteneció en un principio a *Contra el secreto profesional,* y fue posteriormente incorporado a *[PP]*.

5 Junto con sus hermanos Aguedita y Miguel, Nativa aparece también
en *T* «III». Véase nota 7 de este poema.
6 Vallejo sintió un profundo amor hacia su hermano Miguel, al que de-
dicó una elegía en *Los Heraldos Negros.* «A mi hermano Miguel» es un
poema que es oportuno tener muy presente en la lectura de éste.
7 Todo el versículo es una alusión constante a la muerte, tal como su-

tes. Se hizo patio afuera. Nativa lloraba de una tal visita, de un tal patio y de la mano de mi madre. Entonces y cuando, dolor y paladar techaron nuestras frentes.

—Porque no le dejé que saliese a la puerta, —Nativa, la 8
hija,— me ha echado Miguel al pavo. A su pavo.

¡Qué diestra de subprefecto, la diestra del padrE, reve- 9
lando, el hombre, las falanjas filiales del niño! Podía así otorgarle la ventura que el hombre deseara más tarde. Sin embargo:

—Y mañana, a la escuela, —disertó magistralmente el 10
padre, ante el público semanal de sus hijos.

—Y tal, la ley, la causa de la ley. Y tal también la vida. 11

Mamá debió llorar, gimiendo apenas la madre. Ya nadie 12
quiso comer. En los labios del padre cupo, para salir rompiéndose, una fina cuchara que conozco. En las fraternas bocas, la absorta amargura del hijo, quedó atravesada.

Más, luego, de improviso, salió de un albañal de aguas 13
llovedizas y de aquel mismo patio de la visita mala, una gallina, no ajena ni ponedora, sino brutal y negra. Cloqueaba en mi garganta. Fue una gallina vieja, maternalmente viuda de unos pollos que no llegaron a incubarse. Origen ol-

---

cede el *T* «III» «se hizo patio afuera», está relacionado con la idea de que la oscuridad se encuentra alrededor del hogar infantil y sólo él es lugar seguro. Esta idea será transformada con el tiempo al aparecer en *[PH]* y, particularmente, en *EspAC* el «hogar universal».

12 En la poesía vallejiana *cuchara* posee una enorme importancia. En *T* las imágenes del banquete se asocian («XXVIII», «XLVI»...) con instrumentos punzantes y tristes («cuchillos» «delantal sórdido»...) y relacionados con la madre. En este poema la contextualización es paternal. *Cuchara* alcanza toda su intensidad simbólica en «Pedro Rojas» de *EspAC*. Ténganse muy en cuenta los vv. 20-30.

13 Todo el fragmento nos acerca de nuevo al poema «III» de *T*. Véanse notas 5 y 7. Todo el poema se encuentra profundamente vinculado con el mundo trilceano.

vidado de ese instante, la gallina era viuda de sus hijos. Fueran hallados vacíos todos los huevos. La clueca después tuvo el verbo.

Nadie la espantó. Y de espantarla, nadie dejó arrullarse 14
por su gran calofrío maternal.

—¿Dónde están los hijos de la gallina vieja? 15

—¿Dónde están los pollos de la gallina vieja? 16

¡Pobrecitos! ¡Dónde estarían! 17

El momento más grave de la vida*

Un hombre dijo: 1

—El momento más grave de mi vida estuvo en la bata- 2
lla del Marne, cuando fui herido en el pecho.

Otro hombre dijo: 3

—El momento más grave de mi vida, ocurrió en un ma- 4
remoto de Yokohama, del cual salvé milagrosamente, refugiado bajo el alero de una tienda de lacas.

Y otro hombre dijo: 5

—El momento más grave de mi vida acontece cuando 6
duermo de día.

Y otro dijo: 7

—El momento más grave de mi vida ha estado en mi 8
mayor soledad.

---

* Visitando años más tarde el frente de Madrid, dijo Vallejo: «El día de mayor exaltación humana que registrará mi vida, será el día en que he visto Madrid en armas, defendiendo las libertades del mundo».

Y otro dijo:

—El momento más grave de mi vida fue mi prisión en 10 una cárcel del Perú.

Y otro dijo: 11

—El momento más grave de mi vida es el haber sor- 12 prendido de perfil a mi padre.

Y el último hombre dijo: 13

—El momento más grave de mi vida no ha llegado to- 14 davía.

[Las ventanas se han estremecido...]*

Las ventanas se han estremecido, elaborando una meta- 1 física del universo. Vidrios han caído. Un enfermo lanza su queja: la mitad por su boca lenguada y sobrante, y toda entera, por el ano de su espalda.

Es el huracán. Un castaño del jardín de las Tullerías ha- 2 bráse abatido, al soplo del viento, que mide ochenta metros por segundo. Capiteles de los barrios antiguos, habrán caído, hendiendo, matando.

---

10 La experiencia carcelaria de Vallejo, que estuvo injustamente en prisión durante más de cien días, le marcó para siempre. Posteriormente se demostró su inocencia.

* En versión anterior este poema se llamó «Complemento de tiempo del Hospital de Boyle». Posee conexiones con [Una mujer...] y [En el momento que el tenista...].
Como dice el propio Vallejo el poema es «Una metafísica del Universo». Tiene evidentes referencias históricas.

2 Alusión a la revolución francesa de 1789.

¿De qué punto interrogo, oyendo a ambas riberas de los 3
océanos, de qué punto viene este huracán, tan digno de crédito, tan honrado de deuda, derecho a las ventanas del hospital? Ay las direcciones inmutables, que oscilan entre el
huracán y esta pena directa de toser o defecar! Ay! Las direcciones inmutables, que así prenden muerte en las entrañas del hospital, y despiertan células clandestinas a desho-
ra, en los cadáveres.

¿Qué pensaría de sí el enfermo de enfrente, ése que está 4
durmiendo, si hubiera percibido el huracán? El pobre duerme, boca arriba, a la cabeza de su morfina, a los pies de
toda su cordura. Un adarme más o menos en la dosis y le
llevarán a enterrar, el vientre roto, la boca arriba, sordo el
huracán, sordo a su vientre roto, ante el cual suelen los médicos dialogar y cavilar largamente, para, al fin pronunciar
sus llanas palabras de hombres.

La familia rodea al enfermo agrupándose ante sus sienes 5
regresivas, indefensas, sudorosas. Ya no existe hogar sino
en torno al velador del pariente enfermo, donde montan
guardia impaciente, sus zapatos vacantes, sus cruces de re-
puesto, sus píldoras de opio. La familia rodea la mesita por
espacio de un alto dividendo. Una mujer acomoda en el borde de la mesa, la taza, que casi se ha caído.

Ignoro lo que será del enfermo esta mujer, que le besa 6
y no puede sanarle con el beso, le mira y no puede sanarle
con los ojos, le habla y no puede sanarle con el verbo. ¿Es
su madre? ¿Y cómo, pues, no puede sanarle? ¿Es su ama-

---

4 El «huracán» revolucionario ya despierta en el cuerpo enfermo (en
la sociedad enferma) «células clandestinas». En su libro *El Arte y la Re-*
volución (Barcelona, Laia, 1978, pág. 14) escribió: «El tipo perfecto de intelectual revolucionario es el hombre que lucha escribiendo y militando,
simultáneamente». Vallejo fue expulsado de Francia por sus actividades
comunistas en diciembre de 1930, residiendo en España hasta febrero
de 1932.

6 El poema es una «metafísica del universo», por tanto, el hecho de
que el amor individual no pueda sanar, es necesario incluirlo en el proceso vallejiano de «amor universal». En *EspAC* se culmina este proceso.

da? ¿Y cómo, pues, no puede sanarle? ¿Es su hermana? ¿Y cómo, pues, no puede sanarle? ¿Es simplemente, una mujer? ¿Y cómo, pues, no puede sanarle? Porque esta mujer le ha besado, le ha mirado, le ha hablado y hasta le ha cubierto mejor el cuello al enfermo y ¡cosa verdaderamente asombrosa! no le ha sanado.

El paciente contempla su calzado vacante. Traen queso. 7 Llevan tierra. La muerte se acuesta al pie del lecho, a dormir en sus tranquilas aguas y se duerme. Entonces, los libres pies del hombre enfermo, sin menudencias ni pormenores innecesarios, se estiran en acento circunflejo, y se alejan, en una extensión de los cuerpos de novios, del corazón.

El cirujano ausculta a los enfermos horas enteras. Hasta 8 donde sus manos cesan de trabajar y empiezan a jugar, las lleva a tientas, rozando la piel de los pacientes, en tanto sus párpados científicos vibran, tocados por la indocta, por la humana flaqueza del amor. Y he visto a esos enfermos morir precisamente del amor desdoblado del cirujano, de los largos diagnósticos, de las dosis exactas, del riguroso análisis de orinas y excrementos. Se rodeaba de improviso un lecho con un biombo. Médicos y enfermeros cruzaban delante del ausente, pizarra triste y próxima, que un niño llenara de números, en un gran monismo de pálidos miles. Cruzaban así, mirando a los otros, como si más irreparable fuese morir de apendicitis o neumonía, y no morir al sesgo del paso de los hombres.

Sirviendo a la causa de la religión, vuela con éxito esta 9 mosca, a lo largo de la sala. A la hora de la visita de los cirujanos, sus zumbidos nos perdonan el pecho, ciertamente, pero desarrollándose luego, se adueñan del aire, para saludar con genio de mudanza, a los que van a morir. Unos

---

8 *Monismo:* doctrina que niega la distinción entre cuerpo y alma.

9 Es importante tener en cuenta la visión biológica familiar de [Una mujer...]. Este fragmento y el poema se complementan y permiten una mejor comprensión de ambos. El fragmento siguiente insiste en el mismo sentido.

enfermos oyen a esa mosca hasta durante el dolor y de ellos depende, por eso, el linaje del disparo, en las noches tremebundas.

¿Cuánto tiempo ha durado la anestesia que llaman los 10 hombres? ¡Ciencia de Dios, Teodicea! si se me echa a vivir en tales condiciones, anestesiado totalmente, volteada mi sensibilidad para adentro! ¡Ah doctores de las sales, hombres de las esencias, prójimos de las bases! Pido se me deje con mi tumor de conciencia, con mi irritada lepra sensitiva, ocurra lo que ocurra aunque me muera! Dejadme dolerme, si lo queréis, mas dejadme despierto de sueño con todo el universo metido, aunque fuese a las malas, en mi temperatura polvorosa.

En el mundo de la salud perfecta, se reirá por esta pers- 11 pectiva en que padezco; pero, en el mismo plano y cortando la baraja del juego, percute aquí otra risa de contrapunto.

En la casa del dolor, la queja asalta síncopes de gran com- 12 positor, golletes de carácter que nos hacen cosquillas de verdad, atroces, arduas, y, cumpliendo lo prometido, nos hielan de espantosa incertidumbre.

En la casa del dolor, la queja arranca frontera excesiva. 13 No se reconoce en esta queja de dolor, a la propia queja de la dicha en éxtasis, cuando el amor y la carne se eximen de azor y cuando, al regresar, hay discordia bastante para el diálogo.

¿Dónde ésta, pues, el otro flanco de esta queja de dolor, 14 si, a estimarla en conjunto, parte ahora del lecho de un hombre? De la casa del dolor parten quejas tan sordas e inefables y tan colmadas de tanta plenitud que llorar por ellas sería poco, y sería ya mucho sonreír.

---

11 *Mundo de la salud perfecta:* metáfora de la utopía vallejiana del «amor universal» sólo posible en una sociedad profundamente revolucionaria.

Se atumulta la sangre en el termómetro.   15

¡No es grato morir, señor, si en la vida nada se deja y si 16
en la muerte nada es posible, sino sobre lo que se deja en
la vida! ¡No es grato morir, señor, si en la vida nada se
deja y si en la muerte nada es posible, sino sobre lo que se
deja en la vida! ¡No es grato morir, señor, si en la vida
nada se deja y si en la muerte nada es posible, sino sobre
lo que pudo dejarse en la vida!

Voy a hablar de la esperanza*

Yo no sufro este dolor como César Vallejo. Yo no me 1
duelo ahora como artista, como hombre ni como simple
ser vivo siquiera. Yo no sufro este dolor como católico,
como mahometano ni como ateo. Hoy sufro solamente. Si
no me llamase César Vallejo, también sufriría este mismo
dolor. Si no fuese artista, también lo sufriría. Si no fuese
hombre ni ser vivo siquiera, también lo sufriría. Si no fuese católico, ateo ni mahometano, también lo sufriría. Hoy
sufro desde más abajo. Hoy sufro solamente.

Me duelo ahora sin explicaciones. Mi dolor es tan hon- 2
do, que no tuvo ya causa ni carece de causa. ¿Qué sería su
causa? ¿Dónde está aquello tan importante, que dejase de
ser su causa? Nada es su causa; nada ha podido dejar de
ser causa. ¿A qué ha nacido este dolor, por sí mismo? Mi
dolor es del viento del norte y del viento del sur, como esos
huevos neutros que algunas aves raras ponen del viento. Si
hubiera muerto mi novia, mi dolor sería igual. Si la vida
fuese, en fin, de otro modo, mi dolor sería igual. Hoy sufro
desde más arriba. Hoy sufro solamente.

---

16 Más tarde en sus notas de 1936/37 (1938) escribe: «Si no ha de ser
bonita la vida / que se lo coman todo».

*La conclusión del dolor abstracto que inunda el mundo será el «su-
frimiento armado» de *EspAC*. Véanse notas a «IV».

Miro el dolor del hambriento y veo que su hambre anda 3
tan lejos de mi sufrimiento, que de quedarme ayuno hasta
morir, saldría siempre de mi tumba una brizna de yerba al
menos. Lo mismo el enamorado. ¡Qué sangre la suya más
engendrada, para la mía sin fuente ni consumo!

Yo creía hasta ahora que todas las cosas del universo 4
eran, inevitablemente, padres o hijos. Pero he aquí que mi
dolor de hoy no es padre ni es hijo. Le falta espalda para
anochecer, tanto como le sobra pecho para amanecer y si
lo pusiesen en la estancia oscura, no daría luz y si lo pusiesen en una estancia luminosa, no echaría sombra. Hoy ·
sufro suceda lo que suceda. Hoy sufro solamente.

Hallazgo de la vida

¡Señores! Hoy es la primera vez que me doy cuenta de 1
la presencia de la vida. ¡Señores! Ruego a ustedes dejarme
libre un momento, para saborear esta emoción, formidable, espontánea y reciente de la vida, que hoy, por la primera vez, me extasía y me hace dichoso hasta las lágrimas.

Mi gozo viene de lo inédito de mi emoción. Mi exulta- 2
ción viene de que antes no sentí la presencia de la vida.
No la he sentido nunca. Miente quien diga que la he sentido. Miente y su mentira me hiere a tal punto que me ha-
ría desgraciado. Mi gozo viene de mi fe en este hallazgo
personal de la vida, y nadie puede ir contra esta fe. Al que
fuera, se le caería la lengua, se le caerían los huesos y co-
rrería el peligro de recoger otros, ajenos, para mantenerse
de pie ante mis ojos.

Nunca, sino ahora, ha habido vida. Nunca, sino ahora, 3
han pasado gentes. Nunca, sino ahora, ha habido casas y
avenidas, aire y horizonte. Si viniese ahora mi amigo Peyriet, le diría que yo no le conozco y que debemos empezar
de nuevo. ¿Cuándo, en efecto, le he conocido a mi amigo
Peyriet? Hoy sería la primera vez que nos conocemos. Le

diría que se vaya y regrese y entre a verme, como si no me conociera, es decir, por la primera vez.

Ahora yo no conozco a nadie ni nada. Me advierto en 4 un país extraño, en el que todo cobra relieve de nacimiento, luz de epifanía inmarcesible. No, señor. No hable usted a ese caballero. Usted no lo conoce y le sorprendería tan inopinada parla. No ponga usted el pie sobre esa piedrecilla; quién sabe no es piedra y vaya usted a dar en el vacío. Sea usted precavido, puesto que estamos en un mundo absolutamente inconocido.

¡Cuán poco tiempo he vivido! Mi nacimiento es tan re- 5 ciente, que no hay unidad de medida para contar mi edad. ¡Si acabo de nacer! ¡Si aún no he vivido todavía! Señores: soy tan pequeñito, que el día apenas cabe en mí.

Nunca, sino ahora, oí el estruendo de los carros, que car- 6 gan piedras para una gran construcción del boulevard Haussmann. Nunca, sino ahora, avancé paralelamente a la primavera, diciéndole: «Si la muerte hubiera sido otra...» Nunca, sino ahora, vi la luz áurea del sol sobre las cúpulas del Sacré-Coeur. Nunca, sino ahora, se me acercó un niño y me miró hondamente con su boca. Nunca, sino ahora, supe que existía una puerta, otra puerta y el canto cordial de las distancias.

¡Dejadme! La vida me ha dado ahora en toda mi muerte. 7

---

4 Tanto en éste como en el fragmento siguiente Vallejo utiliza el diminutivo. En *T* «XXXIV» escribió: «Y se acabó el diminutivo para / mi mayoría en el dolor sin fin / y nuestro haber nacido así sin causa.»
La presencia del diminutivo en *[PP]* es prácticamente inexistente. Sin duda su valoración más intensa se encuentra en *EspAC*. La coherencia poética vallejiana posee tal armonía que sólo con el hallazgo de un nuevo «haber nacido [con] causa», el diminutivo adquiere todas sus potencias emotivas.

Nómina de huesos*

Se pedía a grandes voces: 1

—Que muestre las dos manos a la vez.   2
Y esto no es posible.

—Que, mientras llora, le tomen la medida de sus pasos.   3
Y esto no fue posible.

—Que piense un pensamiento idéntico, en el tiempo en 4
que un cero permanece inútil.
Y esto no fue posible.

—Que haga una locura   5
Y esto no fue posible.

—Que entre él y otro hombre semejante a él, se inter- 6
ponga una muchedumbre de hombres como él.
Y esto no fue posible

—Que le comparen consigo mismo.   7
Y esto no fue posible.

—Que le llamen, en fin, por su nombre.   8
Y esto no fue posible.

---

* En opinión de Juan Larrea *[PP]* y *[PH]* deberían llamarse *Nómina de Huesos* y *Sermón de la Barbarie.* Para todo este debate, G. V., *op. cit.*, págs. 160-72.

[Una mujer...]*

Una mujer de senos apacibles, ante los que la lengua de 1
la vaca resulta una glándula violenta. Un hombre de tem-
planza, mandibular de genio, apto para marchar de dos a
dos con los goznes de los cofres. Un niño está al lado del
hombre, llevando por el revés, el derecho animal de la
pareja.

¡Oh la palabra del hombre, libre de adjetivos y de adver- 2
bios, que la mujer declina en su único caso de mujer, aun
entre las mil voces de la Capilla Sixtina! ¡Oh la falda de
ella, en el punto maternal donde pone el pequeño las manos y juega a los pliegues, haciendo a veces agrandar las
pupilas de la madre, como en las sensaciones de los con-
fesionarios!

Yo tengo mucho gusto de ver así al Padre, al Hijo y al 3
Espiritusanto, con todos los emblemas e insignias de sus
cargos.

[No vive ya nadie...]*

—No vive ya nadie en la casa —me dices—; todos se 1
han ido. La sala, el dormitirio, el patio, yacen despoblados.
Nadie ya queda, pues, que todos han partido.

---

* Gonzalo Sobejano («Poesía del cuerpo en *Poemas Humanos*», en
ACV, pág. 184) encuentra en este poema lo que acertadamente denomina
«visión biológico-familiar de la Trinidad». Conectado con los fragmentos
9 y 10 de [Las ventanas se han estremecido...] y con [Existe un mutilado...], puede tenerse una idea más exacta y completa de la visión religiosa
de Vallejo. Véanse notas a ambos poemas.

* Cuando Vallejo escribió este poema ya tendría que conocer la «Teoría del órgano» marxista. En ella se entiende que la función crea el órgano. En el poema siguiente [Existe un mutilado...] esta teoría adquiere toda
su importancia.

Y yo te digo: Cuando alguien se va, alguien queda. El 2
punto por donde pasó un hombre, ya no está solo. Unica-
mente está solo, de soledad humana, el lugar por donde ningún hombre ha pasado. Las casas nuevas están más muertas que las viejas, por que sus muros son de piedra o de
acero, pero no de hombres. Una casa viene al mundo, no
cuando la acaban de edificar, sino cuando empiezan a ha-
bitarla. Una casa vive únicamente de hombres, como una
tumba. De aquí esa irresistible semejanza que hay entre
una casa y una tumba. Sólo que la casa se nutre de la muerte del hombre. Por eso la primera está de pie, mientras
que la segunda está tendida.

Todos han partido de la casa, en realidad, pero todos se 3
han quedado en verdad. Y no es el recuerdo de ellos lo que
queda, sino ellos mismos. Y no es tampoco que ellos que-
den en la casa, sino que continúan por la casa. Las funciones y los actos se van de la casa en tren o en avión o a caballo, a pie o arrastrándose. Lo que continúa en la casa es
el órgano, el agente en gerundio y en círculo. Los pasos se
han ido, los besos, los perdones, los crímenes. Lo que continúa en la casa es el pie, los labios, los ojos, el corazón.
Las negaciones y las afirmaciones, el bien y el mal, se han
dispersado. Lo que continúa en la casa, es el sujeto del acto.

[Existe un mutilado...]

Existe un mutilado, no de un combate sino de un abra- 1
zo, no de la guerra sino de la paz. Perdió el rostro en el
amor y no en el odio. Lo perdió en el curso normal de la
vida y no en un accidente. Lo perdió en el orden de la naturaleza y no en el desorden de los hombres. El coronel Pic-
cot, Presidente de «Les Gueules Cassées», lleva la boca comida por la pólvora de 1914. Este mutilado que conozco,
lleva el rostro comido por el aire inmortal e inmemorial.

Rostro muerto sobre el tronco vivo. Rostro yerto y pe- 2
gado con clavos a la cabeza viva. Este rostro resulta ser el
dorso del cráneo, el cráneo del cráneo. Vi una vez un árbol
darme la espalda y vi otra vez un camino que me daba la

espalda. Un árbol de espaldas sólo crece en los lugares donde nunca nació ni murió nadie. Un camino de espaldas sólo avanza por los lugares donde ha habido todas las muertes y ningún nacimiento. El mutilado de la paz y del amor, del abrazo y del orden y que lleva el rostro muerto sobre el tronco vivo, nació a la sombra de un árbol de espaldas y su existencia transcurre a lo largo de un camino de espaldas.

Como el rostro está yerto y difunto, toda la vida psíquica, toda la expresión animal de este hombre, se refugia, para traducirse al exterior, en el peludo cráneo, en el tórax y en las extremidades. Los impulsos de su ser profundo, al salir, retroceden del rostro y la respiración, el olfato, la vista, el oído, la palabra, el resplandor humano de su ser, funcionan y se expresan por el pecho, por los hombros, por el cabello, por las costillas, por los brazos y las piernas y los pies. 3

Mutilado del rostro, tapado del rostro, cerrado del rostro, este hombre, no obstante, está entero y nada le hace falta. No tiene ojos y ve y llora. No tiene narices y huele y respira. No tiene oídos y escucha. No tiene boca y habla y sonríe. No tiene frente y piensa y se sume en sí mismo. 4

2 En sus notas de 1934 escribió Vallejo, «El sitio o lugar o paisaje o camino del mundo por donde nadie ha pasado nunca y donde nada ha sucedido nunca». El paralelismo resulta evidente. Y de nuevo nos encontramos con un problema de fijación de fechas. Véase nota 8 a «La violencia de las horas».

4 Si la necesidad crea el órgano y éste es a su vez resultado de las transformaciones de sus funciones, al desaparecer la necesidad lógicamente se mutila el órgano. En este canto utópico de exaltación humana Vallejo está muy cercano al mundo que cantará en *EspAC*. Es decir, el sér, tal como sucede en el poema anterior. La persona que debe conquistar su propia humanidad. Este sér es fundamental en la obra vallejiana, y sin embargo, nunca ha sido planteado en los estudios críticos.

James Higgins (*Visión del hombre y de la vida en las últimas obras poéticas de César Vallejo*, México, Siglo XXI, 1975, pág. 51) da una interpretación bien distinta: «El mutilado es un hombre que ha tomado conciencia de la falta de sentido de la vida, y su deformación es el signo exterior de un hombre incompleto y vacío». Lo que Higgins entiende como «deformación» yo lo interpreto como «transformación» en el sentido marxista del término.

No tiene mentón y quiere y subsiste. Jesús conocía al mutilado de la función, que tenía ojos y no veía y tenía orejas y no oía. Yo conozco al mutilado del órgano, que ve sin ojos y oye sin orejas.

[Algo te identifica...]

Algo te identifica con el que se aleja de tí, y es la facultad común de volver: de ahí tu más grande pesadumbre. 1

Algo te separa del que se queda contigo, y es la esclavitud común de partir: de ahí tus más nimios regocijos. 2

Me dirijo, en esta forma, a las individualidades colectivas, tanto como a las colectividades individuales y a los que, entre unas y otras, yacen marchando al son de las fronteras o, simplemente, marcan el paso inmóvil en el borde del mundo. 3

Algo típicamente neutro, de inexorablemente neutro, interpónese entre el ladrón y su víctima. Esto, así mismo, puede discernirse tratándose del cirujano y del paciente. Horrible medialuna, convexa y solar, cobija a unos y otros. Porque el objeto hurtado tiene también su peso indiferente, y el órgano intervenido, también su grasa triste. 4

¿Qué hay de más desesperante en la tierra, que la imposibilidad en que se halla el hombre feliz de ser infortunado y el hombre bueno, de ser malvado? 5

¡Alejarse! ¡Quedarse! ¡Volver! ¡Partir! Toda la mecánica social cabe en estas palabras. 6

---

5 En «Muro Noroeste» de su libro *Escalas* (Lima, Talleres de la Penitenciaría, 1923) escribe Vallejo: «Nadie es delincuente nunca. O todos somos delincuentes siempre». En este fragmento Vallejo no «juzga» ninguna intencionalidad; plantea la necesidad de que es imprescindible la existencia de contrarios.

6 En *[PP]* al contrario de lo que parte de la crítica ha querido ver, existen claros componentes sociales.

[Cesa el anhelo...]

Cesa el anhelo, rabo al aire. De súbito, la vida amputa, 1
en seco. Mi propia sangre me salpica en líneas femeninas,
y hasta la misma urbe sale a ver esto que se pára de improviso.

—Qué ocurre aquí, en este hijo del hombre? —clama la 2
urbe, y en una sala del Louvre, un niño llora de terror a la
vista del retrato de otro niño.

—Qué ocurre aquí, en este hijo de mujer? —clama la 3
urbe, y a una estatua del siglo de los Ludovico, le nace una
brizna de yerba en plena palma de la mano.

Cesa el anhelo, a la altura de la mano enarbolada. Y yo 4
me escondo detrás de mí mismo, a aguaitarme si paso por
lo bajo o merodeo en alto.

[¡Cuatro conciencias...]*

¡Cuatro conciencias
simultáneas enrédanse en la mía!
¡Si vierais cómo ese movimiento
apenas cabe ahora en mi conciencia!
¡Es aplastante! Dentro de una bóveda   5
pueden muy bien

---

3 *Ludovico Pío:* emperador de Occidente y rey de Francia con el nombre de Luis I (778-840). Tercer hijo de Carlomagno. Reinó desde 1814.
Poema de marcadas connotaciones sexuales.

* Juan Larrea (*César Vallejo o Hispanoamérica en la cruz de su razón,*
Córdoba, Universidad Nacional de Córdoba, Argentina, 1957), encuentra
paralelismo entre este poema y *Vala, or the Four Zoas,* de William Blake.
El texto inglés es un poema psicológico que se desarrolla en el cerebro
humano donde Tharmas, Luvah, Urizen y Los, símbolos del instinto, sentimiento, intelecto e imaginación, viven en perpetuo estado de guerra, pre-
tendiendo el dominio del hombre. Higgins (*op. cit..* pág. 239) añade que
«lo realmente interesante [...] es la percepción de la pluralidad de la fragmentación de la personalidad humana».

adosarse, ya internas o ya externas,
segundas bóvedas, mas nunca cuartas;
mejor dicho, sí,
mas siempre, y a lo sumo, cual segundas.   10
No puedo concebirlo; es aplastante.
Vosotros mismos a quienes inicio en la noción
de estas cuatro conciencias simultáneas,
enredadas en una sola, apenas os tenéis
de pie ante mi cuadrúpedo intensivo.   15
¡Y yo que le entrevisto (Estoy seguro)!

[Entre el dolor y el placer...]*

Entre el dolor y el placer median tres criaturas,
de las cuales la una mira a un muro,
la segunda usa de ánimo triste
y la tercera avanza de puntillas;
pero, entre tú y yo,   5
sólo existen segundas criaturas.

Apoyándose en mi frente, el día
conviene en que, de veras,
hay mucho de exacto en el espacio;
pero, si la dicha, que, al fin, tiene un tamaño,   10
principia ¡ay! por mi boca,
¿quien me preguntará por mi palabra?

Al sentido instantáneo de la eternidad
corresponde
este encuentro investido de hilo negro,   15

---

13 Es interesante comparar estos versos con *T* «XXII» en especial vv.
1-6: «es posible me persigan hasta cuatro / magistrados vueltos. Es posible me juzguen pedro/ ¡Cuatro humanidades justas juntas! / Don Juan
Jacobo está en hacerio, / y las burlas le tiran de su soledad / como a un
tonto. Bien hecho.»
La presencia del mundo fragmentado trilceano es bastante clara en este
poema.

* En un principio estuvo incluido en *Contra el secreto profesional*.

pero a tu despedida temporal,
tan sólo corresponde lo inmutable,
tu criatura, el alma, mi palabra.

[En el momento en que el tenista...]*

En el momento en que el tenista lanza magistralmente
su bala, le posee una inocencia totalmente animal;
en el momento
en que el filósofo sorprende una nueva verdad,
es una bestia completa.   5
Anatole France afirmaba
que el sentimiento religioso
es la función de un órgano especial del cuerpo humano,
hasta ahora ignorado y se podría
decir también, entonces,   10
que, en el momento exacto en que un tal órgano
funciona plenamente,
tan puro de malicia está el creyente,
que se diría casi un vegetal.
¡Oh alma! ¡Oh pensamiento! ¡Oh Marx! ¿O Feüerbach!   15

Me estoy riendo*

Un guijarro, uno solo, el más bajo de todos,
controla
a todo el médano aciago y faraónico.

---

* Es una refundición de un pasaje en prosa de *Contra el secreto profesional*, «De Feüerbach a Marx». Véanse notas a [Existe un mutilado...] y [No vive ya nadie...].

Jean Franco *(César Vallejo. La Dialéctica de la poesía y el silencio,* Buenos Aires, Sudamericana, 1984, págs. 242-245) hace un riguroso análisis de este poema.

13 En una versión anterior estos versos eran «Cuando un órgano ejerce su función en plenitud, / no hay malicia posible en el cuerpo». La posterior inclusión de *creyente* le dota de un carácter irónico evidente.

*Toda la representación espacial del poema nos acerca al mundo trilceano.

El aire adquiere tensión de recuerdo y de anhelo,   5
y bajo el sol se calla
hasta exigir el cuello a las pirámides.

Sed. Hidratada melancolía de la tribu errabunda,
gota
a
gota
del siglo al minuto   10

Son tres Treses paralelos,
barbados de barba inmemorial,
en marcha   3   3   3

Es el tiempo este anuncio de gran zapatería,   15
es el tiempo, que marcha descalzo
de la muerte   hacia   la muerte.

[He aquí que hoy saludo]*

He aquí que hoy saludo, me pongo el cuello y vivo,
superficial de pasos insondables de plantas.
Tal me recibo de hombre, tal más bien me despido
y de cada hora mía retoña una distanciA.

¿Queréis más? encantado.   5
Políticamente, mi palabra
emite cargos contra mi labio inferior
y económicamente,
cuando doy la espalda a Oriente,   10
distingo en dignidad de muerte a mis visitas.

Desde ttttales códigos regulares saludo
al soldado desconocido
al verso perseguido por la tinta fatal
y al saurio que Equidista diariamente   15

---

*Se publicó por primera vez en *FavorableParísPoema*, número 1, 1926.

de su vida y su muerte,
como quien no hace la cosa.

El tiempo tiene hun miedo ciempiés a los relojes.

(Los lectores pueden poner el título que quieran a este
poema).

Lomo de las sagradas escrituras*

Sin haberlo advertido jamás exceso por turismo
y sin agencias
de pecho en pecho hacia la madre unánime.

Hasta París ahora vengo a ser hijo. Escucha
Hombre, en verdad te digo que eres Hijo Eterno,   5
pues para ser hermano tus brazos son escasamente
    iguales
y tu malicia para ser padre, es mucha.

La talla de mi madre moviéndome por índole de mo-
    vimiento
y poniéndome serio, me llega exactamente al co-
    razón:

---

* Jaime Giordano (*ACV*, págs. 253-255) hace una interpretación religiosa de este poema que no comparto. Afirma que «la angustia de Vallejo
es su temorosa conciencia de estar aún enajenado de lo que él considera
la divinidad. Cree firmemente cumplir el destino de Cristo en su sacrificio, pero, como él, siente el pavor de haber sido abandonado». Jean Franco (*op. cit.*, pág. 122) entiende sin embargo, que en el poema existe un
«determinismo biológico». Pienso que Vallejo elabora una auténtica gramática del cuerpo en este texto, no alejado de la visión biológica que se
desarrollará en *[PH]* y ya existente en *T*. Puede observarse que si la primera estrofa nos sitúa ante el hecho de la concepción material la segunda
ante el hecho de «ser hijo»; la tercera nos muestra (particularmente en
su último verso) la gestación; y la última, finalmente, el nacimiento. Todos estos procesos son descritos utilizando los elementos de una cultura
cristiana al servicio de la materia. Técnica abusivamente presente en toda
la obra vallejiana.

pensando cuanto cayera de vuelo con mis tristes
    abuelos,   10
mi madre me oye en diámetro callándose en altura.

Mi metro está midiendo ya dos metros,
mis huesos concuerdan en género y en número
y el verbo encarnado habita entre nosotros
y el verbo encarnado habita al hundirse en el baño,   15
un alto grado de perfección.

<hr>

12 Este verso aparece en sus notas de 1929-30.

Poemas humanos

ALTURA Y PELOS*

¿Quién no tiene su vestido azul?
¿Quién no almuerza y no toma el tranvía,
con su cigarrillo contratado y su dolor de bolsillo?
¡Yo que tan sólo he nacido!
¡Yo que tan sólo he nacido!   5

¿Quién no escribe una carta?
¿Quién no habla de un asunto muy importante,
muriendo de costumbre y llorando de oído?
¡Yo que solamente he nacido!
¡Yo que solamente he nacido!   10

¿Quién no se llama Carlos o cualquier otra cosa?
¿Quién al gato no dice gato gato?
¡Ay, yo que sólo he nacido solamente!
¡Ay! ¡yo que sólo he nacido solamente!

---

* Previamente este poema se tituló «Actitud de excelencia». Junto con
«Lomo de las sagradas escrituras» se publicó en *Mundial,* 18 de noviembre de 1927, G.V., lo incluyó en *[PH]*. Asegura que fue el propio Vallejo
quien así lo deseaba.

115

PRIMAVERA TUBEROSA*

Esta vez, arrastrando briosa sus pobrezas
al sesgo de mi pompa delantera,
coteja su coturno con mi traspié sin taco,
la primavera exacta de picotón de buitre.

La perdí en cuanto tela de mis despilfarros,   5
juguéla en cuanto pomo de mi aplauso;
el termómetro puesto, puesto el fin, puesto el gusano,
contusa mi doblez del otro día,
aguardéla al arrullo de un grillo fugitivo
y despedíla uñoso, somático, sufrido.   10

Veces latentes de astro,
ocasiones de ser gallina negra,
entabló la bandida primavera
con mi chusma de aprietos,
con mis apocamientos en camisa,   15
mi derecho soviético y mi gorra.

Veces la del bocado lauríneo,
con símbolos, tabaco, mundo y carne,
deglusión translaticia bajo palio,
al són de los testículos cantores;   20
talentoso torrente el de mi suave suavidad,

---

* Julio Ortega («Intensidad y Altura: una poética de *Poemas Huma-nos*», en *ACV*, pág. 301), considera que este poema debe ser leído como una poética de transición entre *T* y la obra posterior vallejiana. Compartiendo plenamente dicha opinión he preferido situarle al frente de todos aquellos poemas cuya fecha, aunque insegura, se sitúa en los primeros años de 1930.

16 Este verso permite, en buena lógica, pensar que el poema pertenez-ca a 1931-32.

19 *Deglusión, sic. en MS.*

rebatible a pedradas, ganable con tan sólo suspirar...
Flora de estilo, plena,
citada en fangos de honor por rosas auditivas...
Respingo, coz, patada sencilla,   25
triquiñuela adorada...Cantan... Sudan...

SALUTACIÓN ANGÉLICA*

Eslavo con respecto a la palmera,
alemán de perfil al sol, inglés sin fin,
francés en cita con los caracoles,
italiano ex profeso, escandinavo de aire,
español de pura bestia, tal el cielo   5
ensartado en la tierra por los vientos,
tal el beso del límite en los hombros.

Mas sólo tú demuestras, descendiendo
o subiendo del pecho, bolchevique,
tus trazos confundibles,   10
tu gesto marital,
tu cara de padre,
tus piernas de amado,
tu cutis por teléfono,
tu alma perpendicular,   15
a la mía,
tus codos de justo
y un pasaporte en blanco en tu sonrisa.

Obrando por el hombre, en nuestras pausas,
matando, tú, a lo largo de tu muerte,   20
y a lo ancho de un abrazo salubérrimo,
vi que cuando comías después, tenías gusto,
vi que en tus sustantivos creció yerba.

Yo quisiera, por eso,
tu calor doctrinal, frío y en barras,   25

---

* Según G.B. (MCL., pág. 491) está escrito después de su tercer viaje
a la URSS (octubre de 1931). Entusiasmado por la experiencia utiliza el
pasaje del Evangelio de San Juan (1, 26-36) en el que el ángel Gabriel
anuncia a María que será madre de Dios. Vallejo transforma la Anunciación cristiana en bolchevique.
Ciertamente entiendo que la fijación de G.B. es la correcta.

tu añadida manera de mirarnos
y aquesos tuyos pasos metalúrgicos,
aquesos tuyos pasos de otra vida.

Y digo, bolchevique, tomando esta flaqueza
y en su feroz linaje de exhalación terrestre: 30
hijo natural del bien y del mal
y viviendo talvez por vanidad, para que digan,
me dan tus simultáneas estaturas mucha pena,
puesto que tú no ignoras en quién se me hace tarde
   diariamente,
en quién estoy callado y medio tuerto.   35

[LOS MINEROS SALIERON DE LA MINA...]*

Los mineros salieron de la mina
remontando sus ruinas venideras,
fajaron su salud con estampidos
y, elaborando su función mental,
cerraron con sus voces   5
el socavón, en forma de síntoma profundo.

¡Era de ver sus polvos corrosivos!
¡Era de oír sus óxidos de altura!
Cuñas de boca, yunques de boca, aparatos de boca.
   (¡Es formidable!)

El orden de sus túmulos,   10
sus inducciones plásticas, sus respuestas corales,
agolpáronse al pie de ígneos percances
y airente amarillura conocieron los trístidos y tristes,
imbuídos,
del metal que se acaba, del metaloide pálido y pequeño.   15

---

* *En este poema que según G.V., (César Vallejo. Obras Completas,* Barcelona, Laia, 1977, pág. 182), su primera versión data de 1931, Vallejo expresa claramente su concepción de la *Estética del Trabajo.* Noël Salomon
(«Algunos aspectos de lo humano en *Poemas Humanos,»* en *ACV,* página 221) considera que si bien algunos versos «pueden parecer oscuros [...]
no lo son para quien posea un conocimiento mediano del marxismo». Salomon se refiere de manera particular a la idea común del humanismo
marxista según la cual el trabajo es productor del hombre, en tanto que
acto a la par teórico y práctico. Esta misma idea es defendida también por
Alain Sicard («Pensamiento y poesía en *Poemas Humanos:* la dialéctica
como método poético», en *CRICCAL,* pág. 204) y Jean Franco (*op. cit.,*
pág. 251-252), quien además añade que en este poema Vallejo «intenta
mostrar la formación de la conciencia por el trabajo».

En su libro *Rusia ante el 2º plan quinquenal* (Lima, Lábor, 1965, página 148), Vallejo afirma que «la conciencia revolucionaria vive y se nutre
del fuego de la pasión y la razón».

Craneados de labor,
y calzados de cuero de vizcacha
calzados de senderos infinitos,
y los ojos de físico llorar,
creadores de la profundidad,   20
saben, a cielo intermitente de escalera,
bajar mirando para arriba,
saben subir mirando para abajo.

¡Loor al antiguo juego de su naturaleza,
a sus insomnes órganos, a su saliva rústica!   25
¡Temple, filo y punta a sus pestañas!
¡Crezcan la yerba, el liquen, y la rana en sus adverbios!
¡Felpa de hierro a sus nupciales sábanas!
¡Mujeres hasta abajo, sus mujeres!
¡Mucha felicidad para los suyos!   30
¡Son algo portentoso, los mineros
remontando sus ruinas venideras,
elaborando su función mental
y abriendo con sus voces
el socavón, en forma de síntoma profundo!   35
¡Loor a su naturaleza amarillenta,
a su linterna mágica,
a sus cubos y rombos, a sus percances plásticos,
a sus ojazos de seis nervios ópticos

---

20 En *Rusia en 1931* (Lima, Lábor, 1965, 3.ª ed., págs. 219-229) Vallejo escribe a propósito del cine de Eisenstein que el trabajo es el «gran
recreador del mundo, la fuerza de las fuerzas, el acto de los actos». Al ser
los mineros «creadores de la profundidad» el trabajo consigue que creen
también su propia conciencia. Véase «Introducción».
22-23 La paradoja subir/bajar sin contradicción en ella ya la utilizó en
T, «LXXVII»: «¿No subimos acaso para abajo?» Aquí cambia completamente su sentido, ya que en *T* se refiere a la muerte, y en estos versos a
la conciencia dialéctica.
24 A partir de este verso en MS está escrito a mano hasta el final. Estos versos deben pertenecer a 1937, pero al no dejar fechado, como en
otros muchos casos, el día de la revisión del poema, me ha parecido más
oportuno incluirlo en estos poemas de principios de 1930. Avala mi decisión el hecho de que la primera parte pertenezca a esas fechas y su inclusión en la *Estética del trabajo* bastante evidente en mi opinión.

y a sus hijos que juegan en la iglesia   40
y a sus tácitos padres infantiles!
¡Salud, oh creadores de la profundidad!... (Es formi-
    dable).

_____
42 Véase nota 39 a «El alma que sufrió de ser su cuerpo».

[FUE DOMINGO EN LAS CLARAS OREJAS
DE MI BURRO...]*

Fue domingo en las claras orejas de mi burro,
de mi burro peruano en el Perú (Perdonen la tris-
    teza).
Mas hoy ya son las once en mi experiencia personal,
experiencia de un solo ojo, clavado en pleno pecho,
de una sola burrada, clavada en pleno pecho,   5
de una sola hecatombe, clavada en pleno pecho.

Tal de mi tierra veo los cerros retratados,
ricos en burros, hijos de burros, padres hoy de vista,
que tornan ya pintados de creencias,
cerros horizontales de mis penas.   10

En su estatua, de espada,
Voltaire cruza su capa y mira el zócalo,
pero el sol me penetra y espanta de mis dientes
    incisivos,
un número crecido de cuerpos inorgánicos.

Y entonces sueño en una piedra   15
verduzca, diecisiete,
peñasco numeral que he olvidado,
sonidos de años en el rumor de aguja de mi brazo,
lluvia y sol en Europa, y ¡cómo toso! ¡cómo vivo!
¡cómo me duele el pelo al columbrar los siglos se-
    manales!   20
y cómo, por recodo, mi ciclo microbiano,
quiero decir mi trémulo, patriótico peinado.

---

* Según G. V. *(ibídem)*, la primera redacción pertenece a 1931.

1 *Fué: Sic* en MS.
2 Véase nota 17 a [Los mineros salieron de la mina...].

TELÚRICA Y MAGNÉTICA*

¡Mecánica sincera y peruanísima
la del cerro colorado!
¡Suelo teórico y práctico!
¡Surcos inteligentes; ejemplo: el monolito y su
    cortejo!
¡Papales, cebadales, alfalfares, cosa buena!   5
¡Cultivos que integra una asombrosa jerarquía de
    útiles
y que integran con viento los mujidos,
las aguas con su sorda antigüedad!

¡Cuaternarios maíces, de opuestos natalicios,
los oigo por los pies cómo se alejan,   10
los huelo retornar cuando la tierra
tropieza con la técnica del cielo!
¡Molécula exabrupto! ¡Átomo terso!

¡Oh campos humanos!
¡Solar y nutricia ausencia de la mar,   15
y sentimiento oceánico de todo!
¡Oh climas encontrados dentro del oro, listos!
¡Oh campo intelectual de cordillera,
con religión, con campo, con patitos!
¡Paquidermos en prosa cuando pasan   20
y en versos cuando páranse!
¡Roedores que miran con sentimiento judicial en
    torno!
¡Oh patrióticos asnos de mi vida!

---

* Según G. V. *(ibídem)*, data de 1931. Previamente el poema llevó por
título «Meditación Agrícola». No caben dudas de su pertenencia a la *Estética del trabajo.*

J. Franco *(op. cit.,* págs. 258-259), analiza este poema del que dice que
«representa un intento de retornar a los orígenes del pensamiento mismo, por relacionar la conceptualización con el trabajo y la conquista de
la naturaleza por el hombre».

¡Vicuña, descendiente nacional y graciosa de mi
   mono!
¡Oh luz que dista apenas un espejo de la sombra,   25
que es vida con el punto y, con la línea, polvo
y que por eso acato, subiendo por la idea a mi
   osamenta!

¡Siega en época del dilatado molle,
del farol que colgaron de la sien
y del que descolgaron de la barreta espléndida!   30
¡Ángeles de corral,
aves por un descuido de la cresta!
¡Cuya o cuy para comerlos fritos
con el bravo rocote de los temples!
(¿Cóndores? ¡Me friegan los cóndores!)   35
¡Leños cristianos en gracia
al tronco felix y al tallo competente!
¡Familia de los líquenes,
especies en formación basáltica que yo
   respeto   40
desde este modestísimo papel!
¡Cuatro operaciones, os sustraigo
para salvar al roble y hundirlo en buena ley!
¡Cuestas en infraganti!
¡Auquénidos llorosos, almas mías!   45
¡Sierra de mi Perú, Perú del mundo,
y Perú al pie del orbe; yo me adhiero!
¡Estrellas matutinas si os aromo
quemando hojas de coca en este cráneo,

---

24 *Vicuña:* (del quichua, *huik aña*) mamífero rumiante de la familia de
las llamas, parecido a un macho cabrío. No es comestible.

28 *Molle:* (del quichua, *molli*) árbol cuya corteza y resina se estiman
como antiespasmódicas. De la familia de las terebintáceas. Da un fruto
rojo parecido a la pimienta. Se llama también agaraibá y turbinto.

33 *Cuya o cuy:* cuya en Perú significa mujer fecunda y también vasija
hecha de calabaza. Cuy: conejillo o mamífero roedor.

34 *Rocote:* variedad de picante.

35 *Me friegan:* me fastidian.

45 *Auquénidos:* llamas.

y cenitales, si destapo,   50
de un solo sombrerazo, mis diez templos!
¡Brazo de siembra, bájate, y a pie!

¡Lluvia a base del mediodía
bajo el techo de tejas donde muerde
la infatigable altura   55
y la tórtola corta en tres su trino!
¡Rotación de tardes modernas
y finas madrugadas arqueológicas!
¡Indio después del hombre y antes de él!
¡Lo entiendo todo en dos flautas
y me doy a entender en una quena!
¡Y lo demás, me las pelan...!

---

61 *Quena:* voz quichua. Flauta de caña de cinco agujeros para acompañar el canto y la danza.

GLEBA*

Con efecto mundial de vela que se enciende,
el prepucio directo, hombres a golpes,
funcionan los labriegos a tiro de neblina,
con alabadas barbas,
pie práctico y reginas sinceras de los valles.   5

Hablan como les vienen las palabras,
cambian ideas bebiendo
orden sacerdotal de una botella;
cambian también ideas tras de un árbol, parlando
de escrituras privadas, de la luna menguante   10
y de los ríos públicos! (¡Inmenso! ¡Inmenso! ¡Inmenso!)

Función de fuerza
sorda y de zarza ardiendo,
paso de palo,
gesto de palo,   15
acápites de palo,
la palabra colgando de otro palo.

De sus hombros arranca, carne a carne, la herramien-
    ta florecida,
de sus rodillas bajan ellos mismos por etapas hasta
    el cielo,
y, agitando   20
y

---

* Según G. V., *(ibídem)*, data de 1931 su primera redacción.

14 Al igual que los mineros, el lenguaje y el trabajo se fusionan en el poema. Los campesinos se identifican con sus instrumentos de trabajo (palo) y en v. 27 escribe «palito», en clara alusión al pene.

18ss De nuevo la paradoja subir/bajar. Véase nota 22-23 de [Los mineros salieron de la mina...] Por demás toda la estrofa ofrece una enorme ampliación espacial, que no se reducirá en toda la obra posterior. Véase «Introducción».

agitando sus faltas en forma de antiguas calaveras,
levantan sus defectos capitales con cintas,
su mansedumbre y sus
vasos sanguíneos, tristes, de jueces colorados.   25

Tienen su cabeza, su tronco, sus extremidades,
tienen su pantalón, sus dedos metacarpos y un palito;
para comer vistiéronse de altura
y se lavan la cara acariciándose con sólidas palomas.

Por cierto, aquestos hombres   30
cumplen años en los peligros,
echan toda la frente en sus salutaciones;
carecen de reloj, no se jactan jamás de respirar
y, en fin, suelen decirse: Allá las putas, Luis Taboada,
    los ingleses;
allá ellos, allá ellos, allá ellos!   35

[PERO ANTES QUE SE ACABE...]*

Pero antes que se acabe
toda esta dicha, piérdela atajándola,
tómale la medida, por si rebasa tu ademán; rebásala,
ve si cabe tendida en tu extensión.

Bien la sé por su llave,   5
aunque no sepa, a veces, si esta dicha
anda sola, apoyada en tu infortunio
o tañida, por sólo darte gusto, en tus falanjas.
Bien la sé única, sola,
de una sabiduría solitaria.   10

En tu oreja el cartílago está hermoso
y te escribo por eso, te medito:
No olvides en tu sueño de pensar que eres feliz,
que la dicha es un hecho profundo, cuando acaba,
pero al llegar, asume   15
un caótico aroma de asta muerta.

Silbando a tu muerte,
sombrero a la pedrada,
blanco, ladeas a ganar tu batalla de escaleras,
soldado del tallo, filósofo del grano, mecánico del
    sueño.   20

(¿Me percibes, animal?
¿me dejo comparar como tamaño?
No respondes y callado me miras
a través de la edad de tu palabra).

---

* Al igual que los casos anteriores especificados G. V. *(ibídem)* sitúa
el poema en 1931.

21   Véanse notas a [Tengo un miedo terrible de ser un animal...], «Guitarra», [Oye a tu masa, a tu cometa, escúchalos; no gimas...] y «El alma
que sufrió de ser su cuerpo».

Ladeando así tu dicha, volverá   25
a clamarla tu lengua, a despedirla,
dicha tan desgraciada de durar.
Antes, se acabará violentamente,
dentada, pedernalina estampa,
y entonces oirás cómo medito   30
y entonces tocarás cómo tu sombra es ésta mía des-
    vestida
y entonces olerás cómo he sufrido.

PIENSAN LOS VIEJOS ASNOS*

Ahora vestiríame
de músico por verle,
chocaría con su alma, sobándole el destino con mi
    mano,
le dejaría tranquilo, ya que es un alma a pausas,
en fin, le dejaría   5
posiblemente muerto sobre su cuerpo muerto.

Podría hoy dilatarse en este frío,
podría toser; le vi bostezar, duplicándose en mi oído
su aciago movimiento muscular.
Tal me refiero a un hombre, a su placa positiva   10
y, ¿por qué no? a su boldo ejecutante,
aquel horrible filamento lujoso;
a su bastón con puño de plata con perrito,
y a los niños
que él dijo eran sus fúnebres cuñados.   15

Por eso vestiríame hoy de músico,
chocaría con su alma que quedóse mirando a mi
    materia...

¡Mas ya nunca veréle afeitándose al pie de la mañana;
ya nunca, ya jamás, ya para qué!

¡Hay que ver! ¡Qué cosa cosa!   20
¡que jamás de jamases su jamás!

---

* G. V. *(ibídem)*, data en 1931 la primera redacción del poema.

11 boldo: infusión de hojas aromáticas. Se utiliza para las enfermedades estomacales y hepáticas.

[HOY ME GUSTA LA VIDA MUCHO MENOS...]*

Hoy me gusta la vida mucho menos,
pero siempre me gusta vivir: ya lo decía.
Casi toqué la parte de mi todo y me contuve
con un tiro en la lengua detrás de mi palabra.

Hoy me palpo el mentón en retirada   5
y en estos momentáneos pantalones yo me digo:
¡Tánta vida y jamás!
¡Tántos años y siempre mis semanas!
Mis padres enterrados con su piedra
y su triste estirón que no ha acabado;   10
de cuerpo entero hermanos, mis hemanos,
y, en fin, mi sér parado y en chaleco.

Me gusta la vida enormemente
pero, desde luego,
con mi muerte querida y mi café   15
y viendo los castaños frondosos de París
y diciendo:
Es un ojo éste, aquél; una frente ésta, aquélla... Y re-
    pitiendo:
¡Tánta vida y jamás me falla la tonada!
¡Tántos años y siempre, y siempre, siempre!   20

---

* G.V. *(ibídem),* lo fecha en 1931. Mercedes Rein («Hoy me gusta la vida mucho menos...», en *ACV,* págs. 285-296) analiza detenidamente este poema, observando de manera inteligente las relaciones fónicas y semánticas. Entiende que «hay una búsqueda introspectiva de lo auténtico, que supone traspasar el espesor de la retórica, de los gestos emocionales y las definiciones fraguadas».

3 Véase «Terremoto», en especial, vv. 11-15.

12 *Parado:* en el sentido americano de *erectus,* de pie. Al ir acompañado de *sér (sic.)* Véase nota 10 a [Oye a tu masa, a tu cometa, escúchalos; no gimas...]) este sentido es el más indicado. Es decir, de pie, andando, viviendo... Véase también nota 4 de [Existe un mutilado...].

Dije chaleco, dije
todo, parte, ansia, dije casi, por no llorar.
Que es verdad que sufrí en aquel hospital que queda
    al lado
y está bien y está mal haber mirado
de abajo para arriba mi organismo.   25

Me gustará vivir siempre, así fuese de barriga,
porque, como iba diciendo y lo repito,
¡tánta vida y jamás! ¡Y tántos años,
y siempre, mucho siempre, siempre siempre!

---

26 Véase nota a «Panteón». Es difícil defender —y no tan sólo por
este verso y todo el poema— la idea de un Vallejo suicida.

[LA VIDA, ESTA VIDA...]*

La vida, esta vida
me placía, su instrumento, esas palomas...
Me placía escucharlas gobernarse en lontananza,
advenir naturales, determinado el número
y ejecutar, según sus aflicciones, sus dianas de ani-
    males   5

Encogido,
oí desde mis hombros
su sosegada producción,
cave los albañales sesgar sus trece huesos,
dentro viejo tornillo hincharse el plomo.   10
Sus paujiles picos,
pareadas palomitas,
las póbridas, hojeándose los hígados,
sobrinas de la nube... Vida! Vida! Esta es la vida!

Zurear su tradición rojo les era,   15
rojo moral, palomas vigilantes,
talvez rojo de herrumbre,
si caían entonces azulmente.

Su elemental cadena,
sus viajes de individuales pájaros viajeros,   20
echaron humo denso,
pena física, pórtico influyente.

Palomas saltando, indelebles
palomas olorosas,
manferidas venían, advenían   25

---

* Poema de fijación cronológica completamente difusa. Su ordenación
responde a planteamientos temáticos.

  9 *cave: sic* en MS.
 11 *paují:* voz quichua. Ave parecida al faisán.

134

por azarosas vías digestivas
a contarme sus cosas fosforosas,
pájaros de contar,
pájaros transitivos y orejones...

No escucharé ya más desde mis hombros   30
huesudo, enfermo, en cama,
ejecutar sus dianas de animales... Me doy cuenta.

EPÍSTOLA A LOS TRANSEÚNTES*

Reanudo mi día de conejo,
mi noche de elefante en descanso.

Y, entre mí, digo:
ésta es mi inmensidad en bruto, a cántaros,
éste mi grato peso, que me buscara abajo para pájaro;   5
éste es mi brazo
que por su cuenta rehusó ser ala,
éstas son mis sagradas escrituras,
éstos mis alarmados compañones.

Lúgubre isla me alumbrará continental,   10
mientras el capitolio se apoye en mi íntimo derrumbe
y la asamblea en lanzas clausure mi desfile.

Pero cuando yo muera
de vida y no de tiempo,
cuando lleguen a dos mis dos maletas,   15

---

* Según G.V. data de 1932. Su título anterior fue «Epístola a los transeúntes o calidad de suave».

4 *inmensidad en bruto:* en *T* «XIII». Vallejo ya había usado *bruto* conectado más con inocencia que con animal. Y por supuesto, en un contexto marcadamente sexual, tal como ocurre con este poema.

9 *compañones:* testículos de perro. Este verso junto con el anterior con-
fieren, además, al poema un carácter marcadamente irreverente.

10 En *T* «I» *isla* posee características bien distintas. La isla trilceana
es la seguridad frente al desorden del mar: «¿Quien hace tanta bulla y ni
deja/testar las islas que van quedando?»

En este poema la isla se transformará en continente. La presencia de
vocablos como *capitolio, íntimo y lanzas* en el contexto estrófico del poema impregnan de sexualidad toda la atmósfera de la epístola.

13-14 La presencia de Quevedo resulta bastante clara en estos versos.
En este poema con connotaciones cercanas a *T,* la muerte aún no posee
aspectos históricos. Véanse vv. 12-14 de «El alma que sufrió de ser su
cuerpo».

éste ha de ser mi estómago en que cupo mi lámpara
   en pedazos,
ésta aquella cabeza que expió los tormentos del
   círculo en mis pasos,
éstos esos gusanos que el corazón contó por unidades,
éste ha de ser mi cuerpo solidario
por el que vela el alma individual; éste ha de ser   20
mi hombligo en que maté mis piojos natos,
ésta mi cosa cosa, mi cosa tremebunda.

En tanto convulsiva, ásperamente
convalece mi freno,
sufriendo como sufro del lenguaje directo del león;   25
y, puesto que he existido entre dos potestades de
   ladrillo,
convalezco yo mismo, sonriendo de mis labios.

LOS DESGRACIADOS*

Ya va a venir el día; da
cuerda a tu brazo, búscate debajo
del colchón, vuelve a pararte
en tu cabeza, para andar derecho.
Ya va a venir el día, ponte el saco   5

Ya va a venir el día; ten
fuerte en la mano a tu intestino grande, reflexiona,
antes de meditar, pues es horrible
cuando le cae a uno la desgracia
y se le cae a uno a fondo el diente.   10

Necesitas comer, pero, me digo,
no tengas pena, que no es de pobres
la pena, el sollozar junto a su tumba;
remiéndate, recuerda,
confía en tu hilo blanco, fuma, pasa lista   15
a tu cadena y guárdala detrás de tu retrato.
Ya va a venir el día, ponte el alma.

---

* N. Salomón ("art. cit.," pág. 215) fija este poema entre la última semana de noviembre y la primera de diciembre de 1937. Refiriéndose lógicamente, a la última versión en vida de Vallejo. He preferido, sin embargo, dada la inseguridad cronológica, situarlo junto a otros poemas sin
cronología exacta, pero pertenecientes a su misma familia temática.
J. Franco (*op. cit.*, pág. 276-277), también hace un meticuloso análisis
de este poema.

3 *Pararte:* en el sentido americano ya anotado. Véase nota 12 a [Hoy
me gusta la vida mucho menos...]. Alain Sicard («Los Desgraciados», en
ACV, págs. 27-276) observa que «en realidad, este gesto, a no dudar, tiene un carácter paródico. Es en una versión inesperada, el célebre gesto
del pensador de Rodin, lo que Vallejo esboza en este verso; un pensador
en quien el vientre y no la frente es la sede del pensamiento; imposibilidad de pensamiento puro». Por otra parte es necesario conectar este verso con la visión biológica del ser humano. Véase [Tengo un miedo terrible de ser un animal...]

5 *saco:* chaqueta.

11ss Toda la estrofa es una exaltación de orgullo y esperanza.

16 A. Sicard *(«ibídem»,* pág. 278) relaciona estos versos con la famosa

Ya va a venir el día; pasan,
han abierto en el hotel un ojo,
azotándolo, dándole con un espejo tuyo...   20
¿Tiemblas? Es el estado remoto de la frente
y la nación reciente del estómago.
Roncan aún... ¡Qué universo se lleva este ronquido!
¡Cómo quedan tus poros, enjuiciándolo!
¡Con cuántos doses ¡ay! estás tan solo!   25
Ya va a venir el día, ponte el sueño.

Ya va a venir el día, repito
por el órgano oral de tu silencio
y urge tomar la izquierda con el hambre
y tomar la derecha con la sed; de todos modos,   30
abstente de ser pobre con los ricos,
atiza
tu frío, porque en él se integra mi calor, amada
    víctima.
Ya va a venir el día, ponte el cuerpo.

Ya va a venir el día;   35
la mañana, la mar, el meteoro, van
en pos de tu cansancio, con banderas,
y, por tu orgullo clásico, las hienas
cuentan sus pasos al compás del asno,
la panadera piensa en ti,   40
el carnicero piensa en ti, palpando
el hacha en que están presos
el acero y el hierro y el metal; jamás olvides
que durante la misa no hay amigos.
Ya va a venir el día, ponte el sol.   45

Ya viene el día; dobla
el aliento, triplica

_____

frase de Marx: «Los proletarios del mundo no tienen nada que perder,
sino sus cadenas».
   26 Verso fundamental en el poema. Debe relacionarse con los versos
finales de cada estrofa y particularmente con los dos últimos del poema.
   46 Vallejo añadió en la revisión este verso sustituyendo a «ya va a ve-

139

tu bondad rencorosa
y da codos al miedo, nexo y énfasis,
pues tú, como se observa en tu entrepierna y siendo   50
el malo ¡ay! inmortal,
has soñado esta noche que vivías
de nada y morías de todo...

---

nir el día». Sin duda es un cambio importante por lo que significa de ac-
tualización.

52-53 Vida/Muerte ha encontrado la síntesis vallejiana. El espacio es
ya el universo y el mundo el del «amor universal».

[HASTA EL DÍA EN QUE VUELVA...]

Hasta el día en que vuelva, de esta piedra
nacerá mi talón definitivo,
con su juego de crímenes, su yedra,
su obstinación dramática, su olivo.

Hasta el día en que vuelva, prosiguiendo,   5
con franca rectitud de cojo amargo,
de pozo en pozo, mi periplo, entiendo
que el hombre ha de ser bueno, sin embargo.

Hasta el día en que vuelva y hasta que ande
el animal que soy, entre sus jueces,   10
nuestro bravo meñique será grande,
digno, infinito dedo entre los dedos.

9-10 Véanse notas a [Tengo un miedo terrible de ser un animal...]
«Guitarra», [Oye a tu masa, a tu cometa, escúchalos; no gimas...] y «El
alma que sufrió de ser su cuerpo»...

LA RUEDA DEL HAMBRIENTO*

Por entre mis propios dientes salgo humeando,
dando voces, pujando,
bajándome los pantalones...
Váca mi estómago, váca mi yeyuno,
la miseria me saca por entre mis propios dientes,   5
cogido con un palito por el puño de la camisa.

Una piedra en que sentarme
¿no habrá ahora para mí?
Aun aquella piedra en que tropieza la mujer que ha
      dado a luz,
la madre del cordero, la causa, la raiz   10
¿ésa no habrá ahora para mí?
¡Siquiera aquella otra,
que ha pasado agachándose por mi alma!
Siquiera
la calcárida o la mala (humilde océano)   15
o la que ya no sirve ni para ser tirada contra el
      hombre,
¡ésa dádmela ahora para mí!

Siquiera la que hallaren atravesada y sola en un
      insulto,
¡ésa dádmela ahora para mí!
Siquiera la torcida coronada, en que resuena   .   20
solamente una vez el andar de las rectas conciencias,

---

* Al igual que los dos poemas anteriores he tenido en cuenta la familia temática para la ordenación de éste.

4 *Váca: sic* en MS.
7 Obsérvese y compárese este verso con «Hasta el día en que vuelva,
de esta piedra / nacerá mi talón definitivo», y con «Parado en una pie-
drea, / desocupado». Las conclusiones nos acercan bastante a la realidad
inmediata parisina que vive Vallejo.
10 *raiz: sic* en MS.

142

o, al menos, esa otra, que arrojada en digna curva,
va a caer por sí misma,
en profesión de entraña verdadera,
¡ésa dádmela ahora para mí!   25

Un pedazo de pan, ¿tampoco habrá ahora para mí?
Ya no más he de ser lo que siempre he de ser,
pero dadme,
una piedra en que sentarme,
pero dadme,   30
por favor, un pedazo de pan en que sentarme,
pero dadme
en español
algo, en fin, de beber, de comer, de vivir, de repo-
    sarse,
y después me iré...   35
Hallo una extraña forma, está muy rota
y sucia mi camisa
y ya no tengo nada, esto es horrendo.

29ss Estos versos reiteran mi matización de nota 7.

LOS NUEVE MONSTRUOS*

I, desgraciadamente,
el dolor crece en el mundo a cada rato,
crece a treinta minutos por segundo, paso a paso,
y la naturaleza del dolor, es el dolor dos veces
y la condición del martirio, carnívora, voraz,   5
es el dolor dos veces
y la función de la yerba purísima, el dolor
dos veces
y el bien de sér, dolernos doblemente.

Jamás, hombres humanos,   10
hubo tanto dolor en el pecho, en la solapa, en la
    cartera,
en el vaso, en la carnicería, en la aritmética!
Jamás tánto cariño doloroso,
jamás tan cerca arremetió lo lejos,
jamás el fuego nunca   15
jugó mejor su rol de frío muerto!
Jamás señor ministro de salud; fue la salud
más mortal
y la migrana extrajo tánta frente de la frente!

---

* G.V. (*ibídem*, pág. 182), data este poema entre 1934 y 1935. James Higgins («Los nueve monstruos» en *ACV*, págs. 205-212) hace un análisis de este poema, al igual que J. Franco, (*op. cit.*, págs. 252-255).

9 *sér: sic* en MS. Véase nota 10 de [Oye a tu masa, a tu cometa, escúchalos; no gimas...] y también nota 4 de [Existe un mutilado...].

17 Vallejo escribe con minúsculas «señor ministro de salud»; en el verso 67, al contrario, con mayúsculas. En ambos casos la intencionalidad es distinta. En el primero no hace más que describir, de ahí que cuente a una persona concreta, en el segundo, demanda y busca una salida al dolor. Lógicamente esta pregunta la hace al «Ministro de Salud» del «mundo de la salud perfecta», como ya escribiera en *[PP]*. Así pues, en el segundo caso es necesario integrar la pregunta en el seno del universo utópico vallejiano.

19 *migrana: sic* en MS. La máquina de escribir de Vallejo era francesa y carecía por tanto de ñ.

144

Y el mueble tuvo en su cajón, dolor,   20
el corazón, en su cajón, dolor,
la lagartija, en su cajón, dolor.

Crece la desdicha, hermanos hombres,
más pronto que la máquina, a diez máquinas, y crece   25
con la res de Russeau, con nuestras barbas;
crece el mal por razones que ignoramos
y es una innundación con propios líquidos,
con propio barro y propia nube sólida!
Invierte el sufrimiento posiciones, da función   30
en que el humor acuoso es vertical
al pavimento,
el ojo es visto y esta oreja, oída,
y esta oreja da nueve campanadas a la hora
del rayo, y nueve carcajadas   35
a la hora del trigo, y nueve sones hembras
a la hora del llanto, y nueve cánticos
a la hora del hambre y nueve truenos
y nueve látigos, menos un grito.

El dolor nos agarra, hermanos hombres,   40
por detrás, de perfil,
y nos aloca en los cinemas,
nos clava en los gramófonos,
nos desclava en los lechos, cae perpendicularmente

---

26 *Russeau: sic* en MS. Vallejo ya había citado repetidamente a Rous-
seau en *T.*, del que conocía sus textos. No es, pues, una errata, sino un
deseo de resaltar su nombre. Técnica muy vallejiana.

28 *Innundación: sic* en MS.

29 El poema concluía aquí su primera redacción. Por tanto, todos los
versos restantes son posteriores a 1935.

42 En «Poesía Nueva» *El Arte y la Revolución,* Barcelona, Laia, 1978,
pág. 113) escribió: «Poesía nueva ha dado en llamarse a los versos cuyo
léxico está formado de las palabras cinema, avión, y en general, de todas
las voces de la ciencia industrias contemporáneas, no importa que el léxico corresponda o no a una sensibilidad auténticamente nueva. Lo importante son las palabras. Pero no hay que olvidar que esto no es poesía
nueva ni vieja, ni nada. Los materiales artísticos que ofrece la vida mo-
derna, han de ser asimilados por el artista y convertidos en sensibilidad».

a nuestros boletos, a nuestras cartas;   45
y es muy grave sufrir, puede uno orar...
Pues de resultas
del dolor, hay algunos
que nacen, otros crecen, otros mueren,
y otros que nacen y no mueren, otros   50
que sin haber nacido, mueren, y otros
que no nacen ni mueren (son los más)
Y también de resultas
del sufrimiento, estoy triste
hasta la cabeza, y más triste hasta el tobillo,   55
de ver al pan, crucificado, al nabo,
ensangrentado,
llorando, a la cebolla,
al cereal, en general, harina,
a la sal, hecha polvo, al agua, huyendo,   60
al vino, un ecce-homo,
tan pálida a la nieve, al sol tan ardio!
¡Cómo, hermanos humanos,
no deciros que ya no puedo y
ya no puedo con tánto cajón,   65
tánto minuto, tánta
lagartija y tánta
inversión, tánto lejos y tánta sed de sed!
Señor Ministro de Salud: ¿qué hacer?
¡Ah! desgraciadamente, hombres humanos,   70
hay, hermanos, muchísimo que hacer.

---

54 Alusiones a las palabras de Cristo en el Huerto de Getsemaní (Marcos, 14, 34).

56ss El pan y el vino símbolos de la víctima, son víctimas. Todo sufre. La naturaleza sufre. La vida y la muerte sufren.

65 Véanse notas a [Quedéme a calentar la tinta en que me ahoga...].

69 Véase nota 17.

[CONSIDERANDO EN FRÍO, IMPARCIALMENTE...]

Considerando en frío, imparcialmente,
que el hombre es triste, tose y, sin embargo,
se complace en su pecho colorado;
que lo único que hace es componerse
de días;   5
que es lóbrego mamífero y se peina...

Considerando
que el hombre procede suavemente del trabajo
y repercute jefe, suena subordinado;
que el diagrama del tiempo   10
es constante diorama en sus medallas
y, a medio abrir, sus ojos estudiaron,
desde lejanos tiempos,
su fórmula famélica de masa...

Comprendiendo sin esfuerzo   15
que el hombre se queda, a veces, pensando,
como queriendo llorar,
y, sujeto a tenderse como objeto,
se hace buen carpintero, suda, mata
y luego canta, almuerza, se abotona...   20

Considerando también
que el hombre es en verdad un animal
y, no obstante, al voltear, me da con su tristeza en la
     cabeza...

Examinando, en fin,
sus encontradas piezas, su retrete,   25

---

6 Nueva alusión biológica. Véanse notas a [Un hombre pasa con un
pan al hombro...].

8-9 Véase nota anterior y [Los mineros salieron de la mina...].

22 Véase nota a [Tengo un miedo terrible de ser un animal] y [Oye a
tu masa, a tu cometa, escúchalos; no gimas...].

147

su desesperación, al terminar su día atroz, borrán-
     dolo...

Comprendiendo
que él sabe que le quiero,
que le odio con afecto y me es, en suma, indiferente...

Considerando sus documentos generales   30
y mirando con lentes aquel certificado
que prueba que nació muy pequeñito...

le hago una seña,
viene
y le doy un abrazo, emocionado.   35
¡Qué más da! Emocionado... Emocionado...

_____

36 Añadido en MS. Véanse versos finales de «Masa» *(EspAC)*.

[PARADO EN UNA PIEDRA...]*

Parado en una piedra,
desocupado,
astroso, espeluznante,
a la orilla del Sena, va y viene.
Del río brota entonces la conciencia,   5
con peciolo y rasguños de árbol ávido:
del río sube y baja la ciudad, hecha de lobos abra-
      zados.

El parado la ve yendo y viniendo,
monumental, llevando sus ayunos en la cabeza
      cóncava,
en el pecho sus piojos purísimos   10
y abajo
su pequeño sonido, el de su pelvis,
callado entre dos grandes decisiones,
y abajo,
más abajo,   15
un papelito, un clavo, una cerilla...

¡Este es, trabajadores, aquel
que en la labor sudaba para afuera,
que suda hoy para adentro su secreción de sangre
      rehusada!
Fundidor del cañón, que sabe cuántas zarpas son
      acero,   20
tejedor que conoce los hilos positivos de sus venas,
albañil de pirámides,
constructor de descensos por columnas

---

* Según G. V. *(ibídem)*, la primera versión corresponde a 1934-35.

1 El problema del paro ya lo había analizado en su libro *Rusia en 1931* (págs. 19 y 180-185). La ambigüedad de *parado* es utilizada por Vallejo en todas sus posibilidades. *Parado,* en el sentido americano ya anotado, y en el español de paro.
8 Todo el verso es deliciosamente ambiguo.

149

serenas, por fracasos triunfales,
parado individual entre treinta millones de parados,   25
andante en multitud,
¡qué salto el retratado en su talón
y qué humo el de su boca ayuna, y cómo
su talle incide, canto a canto, en su herramienta atroz,
    parada,
y qué idea de dolorosa válvula en su pómulo!   30

También parado el hierro frente al horno,
paradas las semillas con sus sumisas síntesis al aire,
parados los petróleos conexos,
parada en sus auténticos apóstrofes la luz,
parados de crecer los laureles,   35
paradas en un pie las aguas móviles
y hasta la tierra misma, parada de estupor ante este
    paro,
¡qué salto el retratado en sus tendones!
¡qué transmisión entablan sus cien pasos!
¡cómo chilla el motor en su tobillo!
¡cómo gruñe el reloj, paseándose impaciente a sus
    espaldas!
¡cómo oye deglutir a los patrones
el trago que le falta, camaradas,
y el pan que se equivoca de saliva,
y, oyéndolo, sintiéndolo, en plural, humanamente,   45
¡cómo clava el relámpago
su fuerza sin cabeza en su cabeza!
y lo que hacen, abajo, entonces, ¡ay!
más abajo, camaradas,
el papelucho, el clavo, la cerilla   50
el pequeño sonido, el piojo padre!

46ss Añadido en MS.

49 Véase nota 1 a [Otro poco de calma, camarada...].

50 Obsérvese que Vallejo usa *papelucho* (despectivo) mientras que en el verso 16, *papelito* (diminutivo). Al principio habla en singular y en estos versos finales en plural. Tener en cuenta estos aspectos es fundamental para la comprensión del poema. El verso 5 alcanza así toda su intensidad.

[POR ÚLTIMO, SIN ESE BUEN AROMA SUCESIVO...]*

Por último, sin ese buen aroma sucesivo,
sin él,
sin su cuociente melancólico,
cierra su manto mi ventaja suave,
mis condiciones cierran sus cajitas.   5

¡Ay, cómo la sensación arruga tánto!
¡ay, cómo una idea fija me ha entrado en una uña!

Albino, áspero, abierto, con temblorosa hectárea,
mi deleite cae viernes,
mas mi triste tristumbre se compone de cólera y   10
    tristeza
y, a su borde arenoso e indoloro,
la sensación me arruga, me arrincona.

Ladrones de oro, víctimas de plata:
el oro que robara yo a mis víctimas,
                ¡rico de mi olvidándolo;
la plata que robara a mis ladrones,   15
                ¡pobre de mí olvidándolo!

---

* Poema de difícil fijación cronológica. Su relación con el poema anterior me ha impulsado a incluirlo entre los poemas de 1934-35.

Execrable sistema, clima en nombre del cielo, del
    bronquio y la quebrada,
la cantidad enorme de dinero que cuesta el ser
    pobre...

17ss Vallejo trabajó estos versos intensamente. Su primera redacción
constaba de tres: «Execrable sistema, clima oscuro/ la cantidad enorme
de dinero / la que cuesta ser pobre...». Sobre éstos trabajó hasta los que
consideró definitivos.

Sin duda, pueden resultar paradójicos sin mínimos conocimientos de
economía marxista. La paradoja, sin embargo, la convierte en contradicción. Escribe Marx *(Trabajo asalariado y capital,* Madrid, Ricardo Agui-
lera, 1968, pág. 19): «La división de la sociedad en una reducida clase fa-
bulosamente rica y una enorme clase de asalariados que no poseen nada,
hace que esta Sociedad se asfixie en su propia abundancia, mientras la
gran mayoría de sus individuos no están apenas garantizados, o no lo están en absoluto, contra la más extrema penuria».

SOMBRERO, ABRIGO, GUANTES*

Enfrente a la Comedia Francesa, está el Café
de la Regencia; en él hay una pieza
recóndita, con una butaca y una mesa.
Cuando entro, el polvo inmóvil se ha puesto ya
   de pie.

Entre mis labios hechos de jebe, la pavesa   5
de un cigarrillo humea, y en el humo se ve
dos humos intensivos, el tórax del Café,
y en el tórax, un óxido profundo de tristeza.

Importa que el otoño se injerte en los otoños,
importa que el otoño se integre de retoños,   10
la nube, de semestres; de pómulos, la arruga.

Importa oler a loco postulando
¡qué calida es la nieve, qué fugaz la tortuga,
el cómo qué sencillo, qué fulminante el cuándo!

---

* Poema de fijación cronológica muy insegura. Véase nota 6.

  1 Es el lugar en el que conoce a Henriette Maisse, con la que mantuvo
largas e intensas relaciones amorosas.
  4 *Polvo:* véanse notas a «Redoble fúnebre a los escombros de Durango» e «Introducción».
  6 He aquí la utilización de *humo* rodeado de constelaciones de tristeza,
al contrario de la significación que generalmente tiene como se verá en
poemas posteriores. Ello me permite pensar que es un poema anterior a
1937. Lo he ordenado en este bloque de poemas por pertenecer a la familia formal de poemas fechados en 1936.

PARÍS, OCTUBRE 1936*

De todo esto yo soy el único que parte.
De este banco me voy, de mis calzones,
de mi gran situación, de mis acciones,
de mi número hendido parte a parte,
de todo esto yo soy el único que parte.   5

De los Campos Elíseos o al dar vuelta
la extraña callejuela de la Luna,
mi defunción se va, parte mi cuna,
y, rodeada de gente, sola, suelta,
mi semejanza humana dase vuelta   10
y despacha sus sombras una a una.

Y me alejo de todo, porque todo
se queda para hacer la coartada:
mi zapato, su ojal, también su lodo
y hasta el doblez del codo   15
de mi propia camisa abotonada.

---

* Juan Larrea («París, octubre 1936» en *ACV,* págs. 267-271) analiza
este poema. En el análisis interpreta bastantes aspectos que no comparto,
pero añade un dato interesante para la gestación del poema. Dice «Se diría que al escribir los versos que siguen, el autor tiene en mente cierta
fotografía divulgada en aquella época, y que, según me consta, Vallejo conocía muy bien, por haberla tenido yo expuesta en una pared de mi cuarto de 1926 a 1928. Reproducía la vestimenta de Chaplin colocada en una
silla; los zapatos en el piso, delante, el pantalón pendiente *(sic)* del asiento; la camisa y el saco en el respaldo, creo que el segundo con una flor
en la solapa; el hongo y el bastón. Daba la impresión de Chaplin en persona aunque su cuerpo faltara, revelando los esenciales *(sic)* que en su figura son sus atributos externos. Parecidamente, el poema volatiza a Vallejo, ser chaplinesco y fantasmal».

En mi opinión este poema es otro claro ejemplo de espacio fragmentario. En este caso, el del propio cuerpo del poeta. Mas esta fragmentación es liberadora. La última estrofa es altamente elocuente. El sujeto lírico (es decir, el *sér),* se aleja, y todos los elementos accidentales se quedan para «hacer la coartada». Entiendo que Vallejo está haciendo una defensa esencial del ser humano.

154

PIEDRA NEGRA SOBRE UNA PIEDRA BLANCA

Me moriré en París con aguacero,
un día del cual tengo ya el recuerdo.
Me moriré en París —y no me corro—
talvez un jueves, como es hoy, de otoño.

Jueves será, porque hoy, jueves, que proso   5
estos versos, los húmeros me he puesto
a la mala y, jamás como hoy, me he vuelto,
con todo mi camino, a verme solo.

César Vallejo ha muerto, le pegaban
todos sin que él les haga nada;   10
le daban duro con un palo y duro

también con una soga; son testigos
los días jueves y los huesos húmeros,
la soledad, la lluvia, los caminos...

---

* Según Carlos del Río León, Vallejo en un paseo y presa de una depresión, encontrándose vestido con un abrigo negro, se sentó sobre una piedra blanca que le recordó un sepulcro. El contraste entre el negro y el blanco le sugirió el título del poema. *(Caretas,* Lima, 16-29 abril 1936, páginas 24-25).

2 En Perú y muy poco antes de su definitiva salida hacia Europa, según cuenta Antenor Orrego, Vallejo en estado de vigilia y en plena madrugada, le despertó para decirle que acababa de verse a sí mismo muerto en París. Por ello Vallejo tiene «ya el recuerdo».

[DE DISTURBIO EN DISTURBIO...]*

De disturbio, en distrubio
subes a acompañarme a estar solo;
yo lo comprendo andando de puntillas,
con un pan en la mano, un camino en el pie
y haciendo, negro hasta sacar espuma,⠀⠀⠀⠀⠀⠀⠀5
mi perfil su papel espeluznante.

Ya habías disparado para atrás tu violencia
neumática, otra época, mas luego
me sostienes ahora en brazo de honra fúnebre
y sostienes el rumbo de las cosas en brazo de honra
⠀⠀fúnebre,⠀⠀⠀⠀⠀⠀⠀10
la muerte de las cosas resumida en brazo de honra
⠀⠀fúnebre.

Pero, realmente y puesto
que tratamos de la vida,
cuando el hecho de entonces eche crin en tu mano,
al seguir tu rumor como regando,⠀⠀⠀⠀⠀⠀⠀15
cuando sufras en suma de kanguro,
olvídame, sosténme todavía, compañero de cantidad
⠀⠀pequeña,
azotado de fechas con espinas,
olvídame y sosténme por el pecho,
jumento que te paras en dos para abrazarme;⠀⠀⠀⠀20
duda de tu excremento unos segundos,
observa cómo el aire empieza a ser el cielo levan-
⠀⠀tándose,
hombrecillo,
hombrezuelo,
hombre con taco, quiéreme, acompáñame...

---

* G.V., *(ibídem)*, fecha la primera redacción del poema en 1936.

20 *que te paras:* en el sentido americano de *erectus.*

25 Aquí terminaba la primera redacción. Todos los versos posteriores están añadidos en MS. Deben pertenecer por tanto a 1937. En los poe-

Ten presente que un día
ha de cantar un mirlo de sotana
sobre mi tonelada ya desnuda.
(Cantó un mirlo llevando las cintas de mi gramo
    entre su pico).
Ha de cantar calzado de este sollozo innato,   30
hombre con taco,
y, simultánea, doloridamente,
ha de cantar calzado de mi paso,
y no oírlo, hombrezuelo, será malo,
será denuesto y hoja,   35
pesadumbre, trenza, humo quieto.

Perro parado al borde una piedra
es el vuelo en su curva;
también tenlo presente, hombrón, hasta arriba.
Te lo recordarán el peso bajo, de ribera adversa,   40
el peso temporal, de gran silencio,
más eso de los meses y aquello que regresa de los
    años.

―――――――
mas de fijación cronológica insegura siempre he optado por la fecha de
la primera redacción.
   36 *humo quieto*. Si *humo* que es generalmente símbolo de futuro y vida
en la obra vallejiana (véanse notas 10 a [Oye a tu masa, a tu cometa, escúchalos; no gimas...] y 2 de [Al fin un monte...] aquí está quieto y ellos
es equivalente a muerte. Se ratifica la simbolización de *humo* propuesta
en esta edición. A partir de aquí este fragmento se encuentra en MS de
EspAC.

[¡Y SI DESPUÉS DE TÁNTAS PALABRAS...]*

¡Y si después de tántas palabras,
no sobrevive la palabra!
¡Si después de las alas de los pájaros,
no sobrevive el pájaro parado!
¡Más valdría, en verdad,   5
que se lo coman todo y acabemos!

¡Haber nacido para vivir de nuestra muerte!
¡Levantarse del cielo hacia la tierra
por sus propios desastres
y espiar el momento de apagar con su sombra su
      tiniebla!   10

¡Más valdría, francamente,
que se lo coman todo y qué más da!...

¡Y si después de tánta historia, sucumbimos,
no ya de eternidad,   15
sino de esas cosas sencillas, como estar
en la casa o ponerse a cavilar!
¡Y si luego encontramos,
de buenas a primeras, que vivimos,
a juzgar por la altura de los astros,
por el peine y las manchas del pañuelo!   20
¡Más valdría, en verdad,
que se lo coman todo, desde luego!

---

* G.V. *(ibídem)*, data el poema en 1936.

⁴ *parado:* en el sentido americano. De pie.
⁷ De nuevo la paradoja de la literatura clásica española. La influencia
procede de Quevedo.
⁸ Construcción típicamente vallejiana. Contraposición con sentido in-
verso de dos conceptos.

Se dirá que tenemos
en uno de los ojos mucha pena
y también en el otro, mucha pena   25
y en los dos, cuando miran, mucha pena...
Entonces... ¡Claro!... Entonces... ¡ni palabra!

[Y NO ME DIGAN NADA...]*

Y no me digan nada,
que uno puede matar perfectamente,
ya que, sudando tinta,
uno hace cuanto puede, no me digan...

Volveremos, señores, a vernos con manzanas;   5
tarde la criatura pasará,
la expresión de Aristóteles armada
de grandes corazones de madera,
la de Heráclito injerta en la de Marx,
la del suave sonando rudamente...   10
Es lo que bien narraba mi garganta:
uno puede matar perfectamente.

Señores,
caballeros, volveremos a vernos sin paquetes;
hasta entonces exijo, exijiré de mí flaqueza   15
el acento del día, que,
según veo, estuvo ya esperándome en mi lecho.
Y exijo del sombrero la infausta analogía del re-
    cuerdo,
ya que, a veces, asumo con éxito mi inmensidad
    llorada,

---

* G.V. fija el poema en 1937.

2 Vallejo hace una expresa defensa de la revolución armada (en la que
es bien conocido que creía firmemente), pero es oportuno matizar esta
afirmación. En *Contra el secreto profesional (ibídem,* pág. 45) escribe:
«Un hombre cuyo nivel de cultura —hablo de la cultura basada en la vida
y en la práctica de la justicia, que es la única cultura verdadera—, un hombre, digo, cuyo nivel de cultura está por debajo del esfuerzo creador que
supone la invención de un fusil, no tiene derecho a usarlo».

12 Esta afirmación sería oportuno incluirla en su concepto de «sufrimiento armado». Véase notas a «IV» de *EspAC.*

160

ya que, a veces, me ahogo en la voz de mi vecino
y padezco
contando en maíces los años,
cepillando mi ropa al son de un muerto
o sentado borracho en mi ataúd...

[QUISIERA HOY SER FELIZ DE BUENA GANA...]*

Quisiera hoy ser feliz de buena gana,
ser feliz y portarme frondoso de preguntas,
abrir por temperamento de par en par mi cuarto,
   como loco,
y reclamar, en fin,   5
en mi confianza física acostado,
sólo por ver si quieren,
sólo por ver si quieren probar de mi espontánea
   posición,
reclamar, voy diciendo,
por qué me dan así tánto en el alma.

Pues quisiera en sustancia ser dichoso,   10
obrar sin bastón, laica humildad, ni burro negro.
Así las sensaciones de este mundo,
los cantos subjuntivos,
el lápiz que perdí en mi cavidad
y mis amados órganos de llanto.   15

Hermano persuasible, camarada,
.padre por la grandeza, hijo mortal,
amigo y contendor, inmenso documento de Darwin:
¿a qué hora, pues, vendrán con mi retrato?
¿A los goces? ¿Acaso sobre goce amortajado?   20
¿Más temprano? ¿Quién sabe, a las porfías?

A las misericordias, camarada,
hombre mío en rechazo y observación, vecino
en cuyo cuello enorme sube y baja,
al natural, sin hilo, mi esperanza...   25

---

* G.V., *(ibídem)*, da la fecha de 1937. Es muy probable que cuanto más cercanas a 1938, las fechas fijadas por G. V. sean tanto más exactas. Por otro lado la propia temática de los poemas así lo indican.

16 Véase nota 1 a [Otro poco de calma, camarada...].
24ss Nueva presencia espacial agigantada. Véase «Introducción».

[¡DULZURA POR DULZURA CORAZONA!...]*

¡Dulzura por dulzura corazona!
¡Dulzura a gajos, eras de vista,
esos abiertos días, cuando monté por árboles caídos!
Así por tu paloma palomita,
por tu oración pasiva,
andando entre tu sombra y el gran tezón corpóreo
    de tu sombra.   5

Debajo de ti y yo,
tú y yo, sinceramente,
tu candado ahogándose de llaves,
yo ascendiendo y sudando   10
y haciendo lo infinito entre tus muslos.
(El hotelero es una bestia,
sus dientes, admirables; yo controlo
el orden pálido de mi alma:
señor, allá distante... paso paso... adiós, señor...)   15

Mucho pienso en todo esto conmovido, perduroso
y pongo tu paloma a la altura de tu vuelo
y, cojeando de dicha, a veces,
repósome a la sombra de ese árbol arrastrado.

Costilla de mi cosa,   20
dulzura que tú tapas sonriendo con tu mano;
tu traje negro que se habrá acabado,
amada, amada en masa,
¡qué unido a tu rodilla enferma!

Simple ahora te veo, te comprendo avergonzado   25
en Letonia, Alemania, Rusia, Bélgica, tu ausente,

---

* G.V. fija la versión del poema en 1937, durante los meses de octubre
y noviembre.

6 *tezón: sic* en MS.

163

tu portátil ausente,
hombre convulso de la mujer temblando entre sus
vínculos.

¡Amada en la figura de tu cola irreparable,   30
amada que yo amara con fósforos floridos,
quand on a la vie et la jeunesse,
c'est déjà tellement!

Cuando ya no haya espacio
entre tu grandeza y mi postrer proyecto,   35
amada,
volveré a tu media, haz de besarme,
bajando por tu media repetida,
tu portátil ausente, dile así...

34ss Ejemplo evidente de utopía vallejiana. En el recorrido espacial la
inexistencia de espacio y tiempo vencidos por el amor se integra en su
concepción del «amor universal». Véase «Introducción»,

[CALOR, CANSADO VOY CON MI ORO, A DONDE...]*

Calor, cansado voy con mi oro, a donde
acaba mi enemigo de quererme.
¡C'est Septembre attiédi, por ti, Febrero!
Es como si me hubieran puesto aretes.

París, y 4, y 5, y la ansiedad   5
colgada, en el calor, de mi hecho muerto.
¡C'est Paris, reine du monde!
Es como si se hubieran orinado.

Hojas amargas de mensual tamaño
y hojas del Luxemburgo polvorosas.   10
¡C'est l'été, por ti, invierno de alta pleura!
Es como si se hubieran dado vuelta.

Calor, París, Otoño, ¡cuánto estío
en medio del calor y de la urbe!
¡C'est la vie, mort de la Mort!   15
Es como si contaran mis pisadas.

¡Es como si me hubieran puesto aretes!
¡Es como si se hubieran orinado!
¡Es como si te hubieras dado vuelta!
¡Es como si contaran mis pisadas!   20

4 Set. 1937

---

* A partir de este poema todos tienen fijación cronológica, correspon-
diendo ésta a la fecha de la última revisión que realizó el poeta. Según
G.V. este poema lo inició Vallejo en 1936.

[UN PILAR SOPORTANDO CONSUELOS...]*

Un pilar soportando consuelos,
pilar otro,
pilar en duplicado, pilaroso
y como nieto de una puerta oscura.
Ruido perdido, el uno, oyendo, al borde del cansancio;   5
bebiendo, el otro, dos a dos, con asas.

¿Ignoro acaso el año de este día,
el odio de este amor, las tablas de esta frente?
¿Ignoro que esta tarde cuesta días?
¿Ignoro que jamás se dice «nunca», de rodillas?   10

Los pilares que ví me están oyendo;
otros pilares son, doses y nietos tristes de mi pierna.
¡Lo digo en cobre americano,
que le debe a la plata tánto fuego!

Consolado en terceras nupcias,   15
pálido, nacido,
voy a cerrar mi pila bautismal, esta vidriera,

---

* J. Higgins, («Un pilar soportando consuelos...», *ACV*, págs. 297-300),
interpreta el poema como «una especie de dramatización de los pensamientos del poeta ante la muerte. Aterrado por la muerte que siente cerca, Vallejo se nos presenta arrodillado en una iglesia rezando [...] expresa
que todo su ser está entregado a la muerte. Vallejo se libra del terror de
morir aceptando la muerte y abandonándose a ella».

Si bien comparto la presencia de la muerte en el poema, no así el contexto espacial. En el poema «Aniversario», de fecha 31 de octubre, de nuevo Vallejo habla de su edad dividiéndola en tres bloques de 15 años cada
uno. Véanse notas a [Al cavilar en la vida, al cavilar...].

15 Al hablar del presente dice «Consolado en terceras nupcias». Es la
misma división pues de «Aniversario» aunque también es posible en-
tenderlo como la muerte (nacimiento/vida/muerte), con lo que continuaría el tópico utilizado en *T* y *[PH]* de concebir la muerte como vida (material).

este susto con tetas,
este dedo en capilla,
corazónmente unido a mi esqueleto.   20

6 Set. 1937

---

[18] Véase nota anterior.

[AL CAVILAR EN LA VIDA, AL CAVILAR...]*

Al cavilar en la vida, al cavilar
despacio en el esfuerzo del torrente,
alivia, ofrece asiento el existir,
condena a muerte;
envuelto en trapos blancos cae,   5
cae planetariamente
el clavo hervido en pesadumbre; cae!
(Acritud oficial, la de mi izquierda;
viejo bolsillo, en sí considerada, esta derecha).

¡Todo está alegre, menos mi alegría   10
y todo, largo, menos mi candor,
mi incertidumbre!
A juzgar por la forma, no obstante, voy de frente,
cojeando antiguamente,
y olvido por mis lágrimas, mis ojos (Muy intere-
    sante)   15
y subo hasta mis pies desde mi estrella.

Tejo; de haber hilado, héme tejiendo.
Busco lo que me sigue y se me esconde entre ar-
    zobispos,
por debajo de mi alma y tras del humo de mi aliento
Tal era la sensual desolación   20

---

* Según G. V. *(ibídem)* la primera versión corresponde a 1934-35. Los
cambios introducidos prueban la preocupación vallejiana por el tiempo.
En v. 1 Vallejo añadió «en la vida, al cavilar». Igualmente en los versos
finales introduce cambios relevantes. La primera redacción decía: «Tal es
la muerte / que críose a estrujones, a balazos, / exalando petróleos fatídicos, / ayer no más, domingo de semblantes... / Tal es la muerte, con
carnero y todo». Las correcciones realizadas un día más tarde de las que
introdujo en [Un pilar soportando consuelos...] no permiten dudas en
cuanto al clima emocional de estos días que, lógicamente, determinan estos cambios. He aquí otra nueva prueba de la utilidad de la fijación cronológica.

de la cabra doncella que ascendía,
exhalando petróleos fatídicos,
ayer domingo en que perdí mi sábado.

Tal es la muerte, con su audaz marido.

7 Set. 1937

POEMA PARA SER LEÍDO Y CANTADO*

Sé que hay una persona
que me busca en su mano, día y noche,
encontrándome, a cada minuto, en su calzado.
¿Ignora que la noche está enterrada
con espuelas detrás de la cocina?   5

Sé que hay una persona compuesta de mis partes,
a la que integro cuando va mi talle
cabalgando en su exacta piedrecilla.
¿Ignora que a su cofre
no volverá moneda que salió con su retrato?   10

Sé el día,
pero el sol se me ha escapado;
sé el acto universal que hizo en su cama
con ajeno valor y esa agua tibia, cuya
superficial frecuencia es una mina.   15
¿Tan pequeña es, acaso, esa persona,
que hasta sus propios pies así la pisan?

Un gato es el lindero entre ella y yo,
al lado mismo de su tasa de agua.
La veo en las esquinas, se abre y cierra   20
su veste, antes palmera interrogante..
¿Qué podrá hacer sino cambiar de llanto?

Pero me busca y busca. ¡Es una historia!

7 Set. 1937

---

* Según G. V. *(ibídem),* la primera versión corresponde a 1936. De igual fecha que poema anterior, el mundo cotidiano de Vallejo se encuentra claramente fragmentado. Su propio espacio interior es doble. Esta fragmentación cotidiana se contrapone con *España* y su simbología espacial.

3 Véase [El acento me pende del zapato...]

[EL ACENTO ME PENDE DEL ZAPATO...]

El acento me pende del zapato;
le oigo pefectamente
sucumbir, lucir, doblarse en forma de ámbar
y colgar, colorante, mala sombra.
Me sobra así el tamaño,   5
me ven jueces desde un árbol,
me ven con sus espaldas ir de frente,
entrar a mi martillo,
pararme a ver a una niña
y, al pie de un urinario, alzar los hombros.   10

Seguramente nadie está a mi lado,
me importa poco, no lo necesito;
seguramente han dicho que me vaya:
lo siento claramente.

¡Cruelísimo tamaño el de rezar!   15
¡Humillación, fulgor, profunda selva!
Me sobra ya tamaño, bruma elástica,
rapidez por encima y desde y junto.
¡Imperturbable! ¡Imperturbable! Suenan
luego, después, fatídicos teléfonos.   20
Es el acento; es él.

12 Set. 1937

---

1 *zapato* en Vallejo se encuentra siempre en un contexto de muerte
siendo, sin embargo en su poesía símbolo de acción y camino. En [Esto...]
revisado con fecha 23 del mismo mes, afirma que «cuando mueren así los
que se acaban,/ ay mueren fuera del reloj, la mano / agarrada a un zapato
solitario». Igual sucede con su poema «Cortejo tras la toma de Bilbao» de
EspAC, de fecha 13, es decir, un día más tarde. Sus versos finales dicen:
«Siéntate, pues, Ernesto / oye que están andando, aquí, en tu trono, / desde que tu tobillo tiene canas. / ¿Qué trono? / ¡Tu zapato derecho! ¡Tu
zapato!».
6-7 Véase fragmento 2 de [Existe un mutilado...] y nota 2 del mismo
poema.

[LA PUNTA DEL HOMBRE...]

La punta del hombre,
el ludibrio pequeño de encogerse
tras de fumar su universal ceniza;
punta al darse en secretos caracoles,
punta donde se agarra uno con guantes,   5
punta el lunes sujeto por seis frenos,
punta saliendo de escuchar a su alma.

De otra manera,
fueran lluvia menuda los soldados
y ni cuadrada pólvora, al volver de los bravos desa-
    tinos,   10
y ni letales plátanos; tan sólo
un poco de patilla en la silueta.
De otra manera, caminantes suegros,
cuñados en misión sonora,
yernos por vía ingratísima del jebe,   15
toda la gracia caballar andando
puede fulgir esplendorosamente!

¡Oh pensar geométrico al trasluz!
¡Oh no morir bajamente
de majestad tan rauda y tan fragante!   20
¡Oh no cantar; apenas
escribir y escribir con un palito
o con el filo de la oreja inquieta!

Acorde de lápiz, tímpano sordísimo,
dondoneo en mitades robustas   25
y comer de memoria buena carne,
jamón, si falta carne,
y, un pedazo de queso con gusanos hembras,
gusanos machos y gusanos muertos.

14 Set. 1937

---

9 *lluvia:* Véase «Introducción».
18 Nueva prueba de ampliación del espacio vallejiano.

[¡OH BOTELLA SIN VINO! ¡OH VINO!...]

¡Oh botella sin vino! ¡Oh vino que enviudó de esta
    botella!
Tarde cuando la aurora de la tarde
flameó funestamente en cinco espíritus.
Viudez sin pan ni mugre, rematando en horrendos
    metaloides
y en células orales acabando.   5

¡Oh siempre, nunca dar con el jamás de tánto
    siempre!
¡oh mis buenos amigos, cruel falacia,
parcial, penetrativa en nuestro trunco,
volátil, jugarino desconsuelo!

¡Sublime, baja perfección del cerdo,   10
palpa mi general melancolía!
¡Zuela sonante en sueños,
zuela
zafia, inferior, vendida, lícita, ladrona,
baja y palpa lo que eran mis ideas!   15

Tú y él y ellos y todos,
sin embargo,
entraron a la vez en mi camisa,
en los hombros madera, entre los fémures, palillos;
tú particularmente,   20
habiéndome influido;

---

8 Según comenta G.V., en cierta ocasión en París se encontraron tan
necesitados de dinero que Vallejo tuvo que bajar e intentar vender una
botella de vino. Lo único que les quedaba. Nadie fue capaz de entender
lo que Vallejo pretendía al vender la botella y tuvo que volver con ella
de nuevo a casa. Al descorcharla es fácil imaginar lo que debieron de sentir. Una detenida lectura del poema nos lo dice.
Véase nota a [La paz, la abispa, el taco...].

él, fútil, colorado, con dinero
y ellos, zánganos de ala de otro peso.

¡Oh botella sin vino! ¡oh vino que enviudó de esta
botella!

16 Set 1937

[VA CORRIENDO, ANDANDO, HUYENDO...]*

Va corriendo, andando, huyendo
de sus pies...
Va con dos nubes en su nube,
sentado apócrifo, en la mano insertos
sus tristes paras, sus entonces fúnebres.   5

Corre de todo, andando
entre protestas incoloras; huye
subiendo, huye
bajando, huye
a paso de sotana, huye   10
alzando al mal en brazos,
huye
directamente a sollozar a solas.

Adonde vaya,
lejos de sus fragosos, cáusticos talones,   15
lejos del aire, lejos de su viaje,
a fin de huir, huir y huir y huir
de sus pies —hombre en dos pies, parado
de tánto huir— habrá sed de correr.

---

* Según G. V. *(ibídem,* pág. 182) la primera redacción pertenece a los años 1934-35.

J. Higgins *(Visión del hombre y de la vida en las últimas obras poéticas de César Vallejo,* Madrid, Siglo XXI, 1975, pág. 62-66) analiza este poema y dice de él que «el sufrimiento se presenta como un círculo vicioso del cual no se puede salir». Todo el poema está construido con verbos de movimiento. Vallejo, más que insistir en el sufrimiento del mundo, aspecto que analiza admirablemente Higgins, exalta la movilidad. Este movimiento es el que transforma el verbo 5 en el último.

5 Técnica, muy utilizada por Vallejo, de transformar la función de las partes de la oración. En este verso —al igual que en el último— la preposición y el adverbio cumplen función del sustantivo.

¡Y ni el árbol, si endosa hierro de oro!   20
¡Y ni el hierro, si cubre su hojarasca!
Nada, sino sus pies,
nada sino su breve calofrío,
sus paras vivos, sus entonces vivos...

18 Set 1937

[AL FIN, UN MONTE...]

Al fin, un monte
detrás de la bajura; al fin, humeante nimbo
alrededor, durante un rostro fijo.

Monte en honor del pozo,
sobre filones de gratuita plata de oro.   5

Es la franja a que arrástranse,
seguras de sus tonos de verano,
las que eran largas válvulas difuntas;
el taciturno marco de este arranque
natural, de este augusto zapatazo,   10
de esta piel, de este intrínseco destello
digital, en que estoy entero, lúbrico.

Quehaceres en un pie, mecha de azufre,
oro de plata y plata hecha de plata
y mi muerte, mi hondura, mi colina.   15
¡Pasar
abrazado a mis brazos,
destaparme después o antes del corcho!
Monte que tántas veces manara
oración, prosa fluvial de llanas lágrimas;   20
monte bajo, compuesto de suplicantes gradas
y, más allá, de torrenciales torres;

---

2 *Humo* en Vallejo es casi siempre símbolo constante de futuro. Su presencia con este sentido se hace muy frecuente en *EspAC*.

5 *Oro,* igualmente, es símbolo constante. Aparece frecuentemente en su poesía y siempre integrado en constelaciones eminentemente vitales y laudatorias.

10 De nuevo *zapato*. Véanse notas a [El acento me pende del zapato...]. Este verso salvo «natural» fue añadido por Vallejo a la redacción anterior, sustituyendo a «sin destello» que, sin duda, poseía menos intensidad y fuerza.

niebla entre el día y el alcohol del día,
caro verdor de coles, tibios asnos
complementarios, palos y maderas;   25
filones de gratuita plata de oro.

19 Set 1937

[QUIERE Y NO QUIERE SU COLOR MI PECHO...]

Quiere y no quiere su color mi pecho,
por cuyas bruscas vías voy, lloro con palo,
trato de ser feliz, lloro en mi mano,
recuerdo, escribo
y remacho una lágrima en mi pómulo.   5

Quiere su rojo el mal, el bien su rojo enrojecido
por el hacha suspensa,
por el trote del ala a pie volando,
y no quiere y sensiblemente
no quiere aquesto el hombre;   10
no quiere estar en su alma
acostado, en la sien latidos de asta,
el bimano, el muy bruto, el muy filósofo.

Así, casi no soy, me vengo abajo
desde el arado en que socorro a mi alma   15
y casi, en proporción, casi enaltézcome.
Que saber por qué tiene la vida este perrazo,
por qué lloro, por qué,
cejón, inhábil, veleidoso, hube nacido
gritando;   20
saberlo, comprenderlo
al son de un alfabeto competente,
sería padecer por un ingrato.

¡Y no! ¡No! ¡No! ¡Qué ardid, ni paramento!
Congoja, sí, con sí firme y frenético,   25

---

3 Decir *mano* en Vallejo es tanto como afirmar el desarrollo material
del ser humano. Véase «Introducción».
13 La aparente contradicción entre «el muy bruto» y «el muy filósofo»
no es tal. En *T* «XIII» poema eminentemente sexual, el «bruto» es un
ser libre absoluto. Por demás no es la inteligencia la característica que
más valora Vallejo en el hombre, sino la sensibilidad.

coriáceo, rapaz, quiere y no quiere, cielo y pájaro;
congoja, sí, con toda la bragueta.
Contienda entre dos llantos, robo de una sola
    ventura,
vía indolora en que padezco en chanclos
de la velocidad de andar a ciegas.   30

22 Set 1937

[ESTO...]*

Esto
sucedió entre dos párpados; temblé
en mi vaina, colérico, alcalino,
parado junto al lúbrico equinoccio,
al pie del frío incendio en que me acabo.⠀⠀⠀⠀⠀⠀⠀5

Resbalón alcalino, voy diciendo,
más acá de los ajos, sobre el sentido almíbar,
más adentro, muy más, de las herrumbres,
al ir el agua y al volver la ola.
Resbalón alcalino⠀⠀⠀⠀⠀⠀⠀10
también y grandemente, en el montaje colosal del
⠀⠀cielo.

¡Qué venablos y harpones lanzaré, si muero
en mi vayna; daré en hojas de plátano sagrado
mis cinco huesecillos subalternos,
y en la mirada, la mirada misma!⠀⠀⠀⠀⠀⠀⠀15
(Dicen que en los suspiros se edifican
entonces acordeones óseos, táctiles;
dicen que cuando mueren así los que se acaban,
¡ay! mueren fuera del reloj, la mano
agarrada a un zapato solitario).⠀⠀⠀⠀⠀⠀⠀20

Comprendiéndolo y todo, coronel
y todo, en el sentido llorante de esta voz,
me hago doler yo mismo, extraigo tristemente,
por la noche, mis uñas;

---

* Véanse notas a [El acento me pende del zapato...].

13 *Vayna: sic* en MS. En verso 2 *vaina.*

luego no tengo nada y hablo solo,   25
reviso mis semestres
y para henchir mi vértebra, me toco.

23 Set 1937

---

27 En tan sólo contadas ocasiones Vallejo habla de la masturbación. En este caso es resultado de la apatía. En «Traspié entre dos estrellas» hay una nueva alusión, mas en este último caso implica solidaridad por parte del sujeto poético.

[QUEDÉME A CALENTAR LA TINTA
EN QUE ME AHOGO...]

Quedéme a calentar la tinta en que me ahogo
y a escuchar mi caverna alternativa,
noche de tacto, días de abstracción.

Se estremeció la incógnita en mi amígdala
y crují de una anual melancolía,   5
noches de sol, días de luna, ocasos de París.

Y todavía, hoy mismo, al atardecer,
digiero sacratísimas constancias,
noches de madre, días de biznieta
bicolor, voluptuosa, urgente, linda.   10

Y aún
alcanzo, llego hasta mí en avión de dos asientos,
bajo la mañana doméstica y la bruma
que emergió eternamente de un instante.

Y todavía   15
aún ahora,
al cabo del cometa en que he ganado
mi bacilo feliz y doctoral,
he aquí que caliente, oyente, tierro, sol y luno,
incógnito atravieso el cementerio,   20
tomo a la izquierda, hiendo
la yerba con un par de endecasílabos,
años de tumba, litros de infinito,
tinta, pluma, ladrillos y perdones.

24 Set 1937

1 En «Los nueve monstruos» había escrito: «¡Cómo, hermanos humanos,/ no deciros que ya no puedo con tanto cajón». En los dos poemas se
refiere a la cantidad de versos escritos y sin publicar que tiene. En distintas ocasiones lo había intentado, junto con su teatro, cuentos y ensayos,
mas por diversas circunstancias no fue posible.

[LA PAZ, LA ABISPA, EL TACO, LAS VERTIENTES...]*

La paz, la abispa, el taco, las vertientes,
el muerto, los decílitros, el búho,
los lugares, la tiña, los sarcófagos, el vaso, las mo-
  renas,
el desconocimiento, la olla, el monaguillo,
las gotas, el olvido,   5
la potestad, los primeros, los arcángeles, la aguja,
los párrocos, el ébano, el desaire,
la parte, el tipo, el estupor, el alma...

Dúctil, azafranado, externo, nítido,
portátil, viejo, trece, ensangrentado,   10
fotografiadas, listas, tumefactas,
conexas, largas, encintadas, pérfidas...

Ardiendo, comparando,
viviendo, enfureciéndose,
golpeando, analizando, oyendo, estremeciéndose,   15
muriendo, sosteniéndose, situándose, llorando...

---

* Frente al espacio opresivo y cerrado de *T* en *EspAC* existe otro abierto y volátil. Mas la realidad cotidiana de Vallejo está fragmentada. Esta
fragmentación la expresa el poeta de dos formas distintas y no contra-
puestas. Una es la expresada en [¡Oh botella sin vino! ¡Oh vino...] en la
que las cosas no guardan relación entre ellas (por un lado la *botella,* por
otro el *vino); otra,* es la expresada en este poema y en [Tránsido, salomónico, decente...], que se podría definir como «semántica espacial de la fragmentación». Las palabras y sus funciones son incapaces de fusionarse y
crear una oración. La estrofa primera se compone de sustantivos, la segunda de adjetivos, la tercera de gerundios, la cuarta de adverbios y la última de adjetivos sustantivados. Es decir, Vallejo va del sustantivo al concepto, mas no por medio del todo (la oración) ni por medio de las partes
(las funciones), sino por medio del macrotexto (el poema). Véase «Introducción».

1 *abispa: sic* en MS.

Después, éstos, aquí,
después, encima,
quizá, mientras, detrás, tánto, tan nunca,
debajo, acaso, lejos,   20
siempre, aquello, mañana, cuánto,
cuánto!...

Lo horrible, lo suntuario, lo lentísimo,
lo augusto, lo infructuoso,
lo aciago, lo crispante, lo mojado, lo fatal,   25
lo todo, lo purísimo, lo lóbrego,
lo acerbo, lo satánico, lo táctil, lo profundo...

25 Sept, 1937

[TRANSIDO, SALOMÓNICO, DECENTE...]*

Transido, salomónico, decente,
ululaba; compuesto, caviloso, cadavérico, perjuro,
iba, tornaba, respondía; osaba,
fatídico, escarlata, irresistible.

En sociedad, en vidrio, en polvo, en hulla,   5
marchóse; vaciló, en hablando en oro; fulguró,
volteó, en acatamiento;
en terciopelo, en llanto, replegóse.

¿Recordar? ¿Insistir? ¿Ir? ¿Perdonar?
Ceñudo, acabaría   10
recostado, áspero, atónito, mural;
meditaba estamparse, confundirse, fenecer.

Inatacablemente, impunemente,
negramente, husmeará, comprenderá;
vestiráse oralmente;   15
inciertamente irá, acobardaráse, olvidará.

26 Sept 1937

---

* Aunque no llevado a los extremos del poema anterior, éste continúa
siendo un claro ejemplo de espacio fragmentado.

[¿Y BIEN? ¿TE SANA EL METALOIDE PÁLIDO?...]

¿Y bien? ¿Te sana el metaloide pálido?
¿Los metaloides incendiarios, cívicos,
inclinados al río atroz del polvo?

Esclavo, es ya la hora circular
en que en las dos aurículas se forman   5
anillos guturales, corredizos, cuaternarios.

Señor esclavo, en la mañana mágica
se ve, por fin,
el busto de tu trémulo ronquido,
vense tus sufrimientos a caballo,   10
pasa el órgano bueno, el de tres asas,
hojeo, mes por mes, tu monocorde cabellera,
tu suegra llora
haciendo huesecillos de sus dedos,
se inclina tu alma con pasión a verte   15
y tu sien, un momento, marca el paso.
Y la gallina pone su infinito, uno por uno;
sale la tierra hermosa de las humeantes sílabas,
te retratas de pie junto a tu hermano,
truena el color oscuro bajo el lecho   20
y corren y entrechócanse los pulpos.

Señor esclavo, ¿y bien?
¿Los metaloides obran en tu angustia?

27 Sept 1937

---

1 *metaloide* (cuerpo simple mal conductor del calor y la electricidad,
que en contacto con el oxígeno produce generalmente compuestos ácidos
o neutros) es considerado «horrendo» en [¡Oh botella sin vino! ¡Oh
vino...!].

4 El tiempo y el espacio ya no corresponden al de *T*. El espacio abierto
y volátil de *EspAC* aquí ya es «circular».

[DE PURO CALOR TENGO FRÍO...]*

¡De puro calor tengo frío,
hermana Envidia!
Lamen mi sombra leones
y el ratón me muerde el nombre,
¡madre alma mía!   5

¡Al borde del fondo voy,
cuñado Vicio!
La oruga tañe su voz
y la voz tañe su oruga,
¡padre cuerpo mío!   10

¡Está de frente mi amor,
nieta Paloma!
De rodillas, mi terror
y de cabeza, mi angustia,
¡madre alma mía!   15

Hasta que un día sin dos,
esposa Tumba,
mi último hierro dé el son
de una víbora que duerme,
¡padre cuerpo mío!...   20

29 Set 1937

---

* Convierte los *Cánticos* de San Francisco al «hermano sol» y «la hermana luna» en «Hermana Envidia», «cuñado Vicio», «nieta Paloma» y «esposa Tumba». Según J. Franco *(op. cit.,* pág. 262) es «una manera de convertir el lenguaje religioso no sólo en parodia, sino en signo de ausencia». Entiendo sin embargo que Vallejo lo que realmente realiza es una transformación poética del tópico franciscano. Esta misma transformación es la realizada en otros poemas de *[PH]*, [Acaba de pasar el que vendrá...], por ejemplo, y sobre todo, *EspAC.* Vallejo parte de un área común cultural (la cultura cristiana), dirigiéndose al mismo campo cultural. La utilización de todos los elementos religiosos a su alcance no habla de la religiosidad vallejiana (inexistente por demás), sino de lo que Vallejo llamó *asimilación y transformación en sensibilidad* de los elementos de la realidad. Véase nota 22 a «Los nueve monstruos».

[CONFIANZA EN EL ANTEOJO, NÓ EN EL OJO...]*

Confianza en el anteojo, nó en el ojo;
en la escalera, nunca en el peldaño,
en el ala, nó en el ave
y en ti sólo, en ti sólo, en ti sólo.

Confianza en la maldad, nó en el malvado;   5
en el vaso, mas nunca en el licor;
en el cadáver, nó en el hombre
y en ti sólo, en ti sólo, en ti sólo.

Confianza en muchos, pero ya no en uno;
en el cauce, jamás en la corriente;   10
en los calzones, no en las piernas
y en ti sólo, en ti sólo, en ti sólo.

Confianza en la ventana, no en la puerta;
en la madre, mas no en los nueve meses;
en el destino, no en el dado de oro,   15
y en ti sólo, en ti sólo, en ti sólo.

5 Oct 1937

---

* Según G. V. la primera versión data de 1931.

6 Con respecto al espacio fragmentario que significan estos versos, véanse notas a [¡Oh botella sin vino! ¡Oh vino...], [La paz, la abispa, el taco, las vertientes], y [Tránsido, salomónico, decente...].

TERREMOTO*

¿Hablando de la leña, callo el fuego?
¿Barriendo el suelo, olvido el fósil?
Razonando,
¿mi trenza, mi corona de carne?
(Contesta, amado Hermenegildo, el brusco;   5
pregunta, Luis, el lento!)

¡Encima, abajo, con tamaña altura!
¡Madera, tras el reino de las fibras!
¡Isabel, con horizonte de entrada!
¡Lejos, al lado, astutos Atanacios!   10

¡Todo, la parte!
Unto a ciegas en luz mis calcetines,
en riesgo, la gran paz de este peligro,

---

* J. Higgins (*op. cit.*, págs. 41-43) ha llamado la atención sobre el hecho de que Vallejo sólo en dos ocasiones utiliza catástrofes naturales en
su poesía. Una de ellas es la que da título a este poema y la otra, *huracán*,
en [Las ventanas se ha estremecido...] de *[PP]*. En las dos ocasiones la
alusión es simbólica.

1 Una de las características del lenguaje poético vallejiano consiste en
la contradicción. Augusto Tamayo Vargas («tres poetas de América», *Os
Cadernos de Cultura,* Río de Janeiro, número 12, 1959, pág. 35) entiende
que es «a contradição, a oposição de termos» su aspecto fundamental.
Coincidiendo con André Coyné *(César Vallejo y su obra poética,* Lima, Letras Peruanas 1958, pág. 176) al afirmar que es «la presencia de dos términos complementarios, opuestos o contradictorios, de los cuales el segundo aparece tan sólo porque el primero está ya escrito», cuestión típicamente vallejiana, finalmente Roberto Paoli *(Poesie, di César Vallejo,*
Milán, Lerici editori, 1964, pág. LXXIV) observa que «le juntas de contrarios sono frequentemente suggerite [...] dall' assurdo della vivencia at-
tuale». Véanse nota a [Viniere el malo, con un trono al hombro...] e «Introducción».
El absurdo vallejiano (tradicionalmente utilizado por buena parte de la
crítica), debe, sin embargo, ser especialmente matizado, pues no se trata
de un absurdo metafísico, sino estrictamente materialista. La clave del la-
berinto se encuentra en *EspAC.*

y mis cometas, en la miel pensada,
el cuerpo, en miel llorada.   15

¡Pregunta, Luis; responde, Hermenegildo!
¡Abajo, arriba, al lado, lejos!

¡Isabel, fuego, diplomas de los muertos!
¡Horizonte, Atanacio, parte, todo!
¡Miel de miel, llanto de frente!   20
¡Reino de la madera,
corte oblicuo a la línea del camello,
fibra de mi corona de carne!

6 Oct 1937

[ESCARNECIDO, ACLIMATADO AL BIEN, MÓRBIDO...]*

Escarnecido, aclimatado al bien, mórbido, hurente,
doblo el cabo carnal y juego a copas,
donde acaban en moscas los destinos,
donde comí y bebí de lo que me hunde.

Monumental adarme,   5
féretro numeral, los de mi deuda,
los de mi deuda, cuando caigo altamente,
ruidosamente, amoratadamente.

Al fondo, es hora,
entonces, de gemir con toda el hacha   10
y es entonces el año del sollozo,
el día del tobillo,
la noche del costado, el siglo del resuello.
Cualidades estériles, monótonos satanes,
del flanco brincan,   15
del ijar de mi yegua suplente;
pero, donde comí, cuánto pensé!
pero cuánto bebí donde lloré!

Así es la vida, tal
como es la vida, allá, detrás   20
del infinito; así, espontáneamente,
delante de la sien legislativa.

---

* Este poema está basado en gran medida en la paradoja planteada en
T «VII».

1 De hecho *urente,* término usado para calificar enfermedades renales
y venéreas. Le añade una h conscientemente, como hace en multitud de
ocasiones.

Yace la cuerda así al pie del violín,
cuando hablaron del aire, a voces, cuando
hablando muy despacio del relámpago.   25
Se dobla así la mala causa, vamos
de tres en tres a la unidad; así
se juega a copas
y salen a mi encuentro los que aléjanse,
acaban los destinos en bacterias   30
y se debe todo a todos.

7 Oct 1937

---

23 Esta última estrofa es un catálogo al modo de los poemas clásicos
españoles del Siglo de Oro. La unidad que ofrece es el *locus* de la existencia.

25 J. Derrida *(De la grammatologie,* París, 1967, pág. 132) examina
este punto.

30 Nueva alusión biológica, toda la obra vallejiana se encuentra plaga-
da de metáforas materiales. En Vallejo la *ceniza* de la mortalidad se transforma en bacterias.

[ALFONSO: ESTÁS MIRÁNDOME, LO VEO...]*

Alfonso: estás mirándome, lo veo,
desde el plano implacable donde moran
lineales los siempres, lineales los jamases.
(Esa noche, dormiste, entre tu sueño
y mi sueño, en la rue de Ribouté)   5
Palpablemente
tu inolvidable cholo te oye andar
en París, te siente en el teléfono callar
y toca en el alambre a tu último acto
tomar peso, brindar   10
por la profundidad, por mí, por ti.

Yo todavía
compro «du vin, du lait, comptant les sous»
bajo mi abrigo para que no me vea mi alma,
bajo mi abrigo, aquel, querido Alfonso,   15
y bajo el rayo simple de la sien compuesta;
yo todavía sufro, y tú, ya no, jamás, hermano!
(Me han dicho que en tus siglos de dolor,
amado sér
amado estar,   20
hacías ceros de madera. ¿Es cierto?)

En la «boîte de nuit» donde tocabas tangos,
tocando tu indignada criatura su corazón,
escoltado de ti mismo, llorando

---

* La fecha de este poema fue facilitada por G. V., *(ibídem)*.

1 *Alfonso de Silva* músico y compositor peruano, amigo de Vallejo en París. Murió en 1937 en Lima. Autor de *Cien cartas para una sola agonía*. En esta elegía Vallejo trastoca la paradoja del Siglo de Oro según la cual la vida es una muerte en vida y la muerte la realidad última. Está particularmente interesado en mostrar los nexos entre conciencia/sufrimiento/vida.

por ti mismo y por tu enorme parecido con tu
    sombra,   25
monsieur Fourgat, el patrón, ha envejecido.
¿Decírselo? ¿Contárselo? No más,
Alfonso; eso, ya nó!

El hôtel des Ecoles funciona siempre
y todavía compran mandarinas;   30
pero yo sufro, como te digo,
dulcemente, recordando
lo que hubimos sufrido ambos, a la muerte de ambos,
en la apertura de la doble tumba,
en esa otra tumba con tu sér,   35
y de ésta de caoba con tu estar;
sufro, bebiendo un vaso de ti, Silva,
un vaso para ponerse bien, como decíamos,
y después, ya veremos lo que pasa...

Es éste el otro brindis, entre tres,   40
taciturno, diverso
en vino, en mundo, en vidrio, al que bridábamos
más de una vez al cuerpo,
y, menos de una vez, al pensamiento.
Hoy es más diferente todavía;   45
hoy sufro dulce, amargamente,
bebo tu sangre en cuanto a Cristo el duro,
como tu hueso en cuanto a Cristo el suave,
porque te quiero, dos a dos, Alfonso,
y casi lo podría decir, eternamente.   50

9 Oct 1937

TRASPIE ENTRE DOS ESTRELLAS*

¡Hay gentes tan desgraciadas, que ni siquiera
tienen cuerpo; cuantitativo el pelo,
baja, en pulgadas, la genial pesadumbre;
el modo, arriba;
no me busques, la muela del olvido,   5
parecen salir del aire, sumar suspiros mentalmen-
     te, oir
claros azotes en sus paladares!

Vanse de su piel, rascándose el sarcófago en que
     nacen
y suben por su muerte de hora en hora
y caen, a lo largo de su alfabeto gélido, hasta el suelo.   10

¡Ay de tánto! ¡Ay de tan poco! ¡ay de ellas!
¡Ay en mi cuarto, oyéndolas con lentes!
¡Ay en mi tórax, cuando compran trajes!
¡Ay de mi mugre blanca, en su hez mancomunada!

¡Amadas sean las orejas sánchez,   15
amadas las personas que se sientan,
amado el desconocido y su señora,
el prójimo con mangas, cuello y ojos!

¡Amado sea aquel que tiene chinches,
el que lleva zapato roto bajo la lluvia   20
el que vela el cadáver de un pan con dos cerillas,
el que se coge un dedo en una puerta,
el que no tiene cumpleaños,
el que perdió su sombra en un incendio,
el animal, el que parece un loro,   25

---

* La fecha corresponde a G. V., *(ibídem).*

15 La alusión a las Bienaventuranzas resulta evidente.

el que parece un hombre, el pobre rico,
el puro miserable, el pobre pobre!

¡Amado sea
el que tiene hambre o sed, pero no tiene
hambre con qué saciar toda su sed,   30
ni sed con qué saciar todas sus hambres!

¡Amado sea el que trabaja al día, al mes, a la hora,
el que suda de pena o de vergüenza,
aquel que va, por orden de sus manos, al cinema,
el que paga con lo que le falta,   35
el que duerme de espaldas,
el que ya no recuerda su niñez; amado sea
el calvo sin sombrero,
el justo sin espinas,
el ladrón sin rosas,   40
el que lleva reloj y ha visto a Dios,
el que tiene un honor y no fallece!

¡Amado sea el niño, que cae y aún llora
y el hombre que ha caído y ya no llora!

¡Ay de tánto! ¡Ay de tan poco! ¡Ay de ellos!   45

11 Oct 1937

---

34 Segunda alusión vallejiana la masturbación. Véase nota 27 a
[Esto...].

DESPEDIDA RECORDANDO UN ADIÓS*

Al cabo, al fin, por último,
torno, volví y acábome y os gimo, dándoos
la llave, mi sombrero, esta cartita para todos.
Al cabo de la llave está el metal en que aprendié-
ramos
a desdorar el oro, y está, al fin   5
de mi sombrero, este pobre cerebro mal peinado,
y, último vaso de humo, en su papel dramático,
yace este sueño práctico del alma.

¡Adiós hermanos san pedros,
heráclitos, erasmos, espinozas!
¡Adiós tristes obispos bolcheviques!
¡Adiós, gobernadores en desorden!
¡Adiós, vino que está en el agua como vino!
¡Adiós, alcohol que está en la lluvia!

¡Adiós también, me digo a mí mismo,   15
adiós, vuelo formal de los milígramos!
¡También adiós, de modo idéntico,
frío del frío y frío del calor!

---

* Según G. V., *(ibídem,* pág. 183) la primera redacción pertenece a
1936.

11 En opinión de Américo Ferrari («Poesía, teoría, ideología» en CVJO,
pág. 403) en este poema «Vallejo se despide de todas las ideologías, re-
ligiosas, humanistas y comunistas». Entiendo, sin embargo, que es posible otra interpretación distinta, si entendemos que el espacio desde el que
Vallejo habla es ya desde la *utopía.*
15 Este verso parece indicar que no es tanto una despedida ideológica,
que implicaría la inutilidad de la misma, como una traslación a un nuevo
mundo en el que las concepciones (no sólo ideológicas) ya no sean nece-
sarias por haber cumplido su función de transformación del ser humano.
Es el «mundo de la salud perfecta». La utopía hecha realidad. Los versos
siguientes, en efecto, parecen confirmar esta hipótesis.

Al cabo, al fin, por último, la lógica,
los linderos del fuego,   20
la despedida recordando aquel adiós.

12 Oct 1937

[A LO MEJOR SOY OTRO...]*

A lo mejor, soy otro; andando, al alba, otro que
   marcha
en torno a un disco largo, a un disco elástico:
mortal, figurativo, audaz diafragma.
A lo mejor, recuerdo el esperar, anoto mármoles
donde índice escarlata, y donde catre de bronce,   5
un zorro ausente, espúreo, enojadísimo.
A lo mejor, hombre al fin,
las espaldas ungidas de añil misericordia,
a lo mejor, me digo, más allá no hay nada.

Me da la mar el disco, refiriéndolo,   10
con cierto margen seco, a mi garganta;
¡nada en verdad, más ácido, más dulce, más kanteano!
Pero sudor ajeno, pero suero
o tempestad de mansedumbre,
decayendo o subiendo, ¡eso, jamás!   15

Echado, fino, exhúmome,
tumefacta la mezcla en que entro a golpes,
sin piernas, sin adulto barro, ni armas,
una aguja prendida en el gran átomo...
¡No! ¡Nunca! ¡Nunca ayer! ¡Nunca después!   20

Y de ahí este tubérculo satánico,
esta muela moral de plesiosaurio
y estas sospechas póstumas,
este índice, esta cama, estos boletos.

21 Oct 1937

---

* La ordenación cronológica creo que posee indiscutibles ventajas en
poemas no ordenados por el autor, ya que nos aporta datos que permiten
una interpretación más adecuada. Este poema, por ejemplo, arroja no pocas luces sobre el anterior.

12 *Sic* en MS.

EL LIBRO DE LA NATURALEZA

Profesor de sollozo —he dicho a un árbol—
palo de azogue, tilo
rumoreante, a la orilla del Marne, un buen alumno
leyendo va en tu naipe, en tu hojarasca,
entre el agua evidente y el sol falso,   5
su tres de copas, su caballo de oros.

Rector de los capítulos del cielo,
de la mosca ardiente, de la calma manual que hay en
    los asnos;
rector de honda ignorancia, un mal alumno
leyendo va en tu naipe, en tu hojarasca,   10
el hambre de razón que le enloquece
y la sed de demencia que le aloca.

Técnico en gritos, árbol consciente, fuerte,
fluvial, doble, solar, doble, fanático,
conocedor de rosas cardinales, totalmente   15
metido, hasta hacer sangre, en aguijones, un alumno
leyendo va en tu naipe, en tu hojarasca,
su rey precoz, telúrico, volcánico, de espadas.

¡Oh profesor, de haber tánto ignorado!
¡oh rector, de temblar tánto en el aire!
¡oh técnico de tánto que te inclinas!
¡oh tilo! ¡oh palo rumoroso junto al Marne!

21 Oct 1937

---

3 La alusión al río francés y su famosa batalla ya apareció anteriormente en *[PP]*. Véase [El momento más grave de mi vida...].

MARCHA NUPCIAL*

A la cabeza de mis propios actos,
corona en mano, batallón de dioses,
el signo negativo al cuello, atroces
el fósforo y la prisa, estupefactos
el alma y el valor, con dos impactos   5

al pie de la mirada; dando voces;
los límites, dinámicos, feroces;
tragándome los lloros inexactos,

Me encenderé, se encenderá mi hormiga,
se encenderán mi llave, la querella   10
en que perdí la causa de mi huella.

Luego, haciendo del átomo una espiga,
encenderé mis hoces al pie de ella
y la espiga será por fin espiga.

22 Oct 1937

---

* A pesar de respetarse la ordenación estrófica tal como la dejó Vallejo, el poema es un soneto de versos de medida irregular.
Este poema se tituló en versiones anteriores, «Batallón de dioses» y «Séquito y epitalamio».

1 Desde el primer verso Vallejo quiere dejar constancia de la coherencia que le empuja a esta «marcha» con la vida, si bien es cierto, que la vida se transforma. Pareciera tener muy en cuenta el clásico principio físico que afirma que «la materia ni se crea ni se destruye, sino que se transforma».
9ss Estos dos tercetos sufrieron múltiples variaciones no relevantes.
11 Años antes *(T.* «XXIV») había escrito: «Y se acabó el diminutivo, para / mi mayoría en el dolor sin fin / y nuestro haber nacido así sin causa».

[TENGO UN MIEDO TERRIBLE
DE SER UN ANIMAL...]

Tengo un miedo terrible de ser un animal
de blanca nieve, que sostuvo padre
y madre, con su sola circulación venosa,
y que, este día espléndido, solar y arzobispal,
día que representa así a la noche,   5
linealmente
elude este animal estar contento, respirar
y transformarse y tener plata.

Sería pena grande
que fuera yo tan hombre hasta ese punto.   10
Un disparate, una premisa ubérrima
a cuyo yugo ocasional sucumbe
el gonce espiritual de mi cintura.
Un disparate... En tanto,
es así, más acá de la cabeza de Dios,   15
en la tabla de Locke, de Bacon, en el lívido pescuezo
de la bestia, en el hocico del alma.

Y, en lógica aromática,
tengo ese miedo práctico, este día
espléndido, lunar, de ser aquél, éste talvez,   20
a cuyo olfato huele a muerto el suelo,
el disparate vivo y el disparate muerto.

---

1 En este poema, Vallejo una vez más marca las diferencias entre el
ser humano al que aspira y el animal racional tal y como es definido el
hombre. Es una muy vieja concepción vallejiana ya presente en *T,* especialmente en el poema «XXXVIII», que junto con «III» van a ser los es-
queletos de toda su poesía posterior. *T* «XXXVIII», a su vez, posee an-
tecedentes en *HN,* de manera particular, «El pan nuestro». Vallejo afirma en «XXXVIII» que «este cristal [es decir, el ser humano en concepción vallejiana] aguarda ser sorbido», que «hiere cuando lo fuerzan / y
ya no tiene cariños-animales»; para concluir en la última estrofa: «Este
cristal ha pasado de animal / y márchase ahora a formar las izquierdas
/ los nuevos Menos./ Déjenlo solo no más.»

¡Oh revolcarse, estar, toser, fajarse,
fajarse la doctrina, la sien, de un hombro al otro,
alejarse, llorar, darlo por ocho   25
o por siete o por seis, por cinco o darlo
por la vida que tiene tres potencias.

22 Oct 1937

[LA CÓLERA QUE QUIEBRA AL HOMBRE EN NIÑOS...]*

La cólera que quiebra al hombre en niños,
que quiebra al niño en pájaros iguales,
y al pájaro, después, en huevecillos;
la cólera del pobre
tiene un aceite contra dos vinagres.   5

La cólera que al árbol quiebra en hojas,
a la hoja en botones desiguales
y al botón, en ranuras telescópicas;
la cólera del pobre
tiene dos ríos contra muchos mares.   10

La cólera que quiebra al bien en dudas,
a la duda, en tres arcos semejantes
y al arco, luego, en tumbas imprevistas;
la cólera del pobre
tiene un acero contra dos puñales.   15

La cólera que quiebra al alma en cuerpos,
al cuerpo en órganos desemejantes
y al órgano, en octavos pensamientos;
la cólera del pobre
tiene un fuego central contra dos cráteres.   20

*ZY Oct 1937***

---

* Este poema pasó a modo de «Prólogo» a su cuento «Paco Yunque».
** *Sic* en MS, corresponde a 26, Oct, 1937.

INTENSIDAD Y ALTURA

Quiero escribir, pero me sale espuma,
quiero decir muchísimo y me atollo;
no hay cifra hablada que no sea suma,
no hay pirámide escrita, sin cogollo.

Quiero escribir, pero me siento puma;   5
quiero laurearme, pero me encebollo.
No hay toz hablada, que no llegue a bruma,
no hay dios ni hijo de dios, sin desarrollo.

Vámonos, pues, por eso, a comer yerba,
carne de llanto, fruta de gemido,   10
nuestra alma melancólica en conserva.

Vámonos! Vámonos! Estoy herido;
Vámonos a beber lo ya bebido,
vámonos, cuervo, a fecundar tu cuerva.

27 oct 1937

---

* Américo Ferrari («Intuición y escritura poética en *Poemas Humanos*», en *ACV*, pág. 242) hace un riguroso análisis de este soneto. Es igualmente motivo especial de atención para Julio Ortega («art. cit.», en *ACV*, págs. 301-304) y Nadine Ly «L'ordre métonymique dans le discours poétique de César Vallejo» en *Co-textes*, número 10, pág. 44-46). Las aportaciones de los tres vallejianos son de enorme interés en el estudio del poema. Los tres coinciden en apreciar su indudable importancia. Julio Ortega ve en él una de las poéticas de *[PH]*. Américo Ferrari observa que «el elemento afectivo que, en el resto de la obra brota espontáneamente, derribando todas las barreras formales, queda sometido aquí a las exigencias de una obsesión que es de orden gnoseológico e intelectual más que emocional o afectivo». Nadine Ly, finalmente, entiende que «plus que l'impossibilité d'ecrire, les quatrains du sonnet *Intensidad y Altura,* disent (ou répètent) le fondement même de la poétique et de la pensée valléjiennes: l'implication réciproque de toutes les activités humaines entre elles; de tous les êtres, de tous les objets, de tous les concepts entre eux».

GUITARRA

El placer de sufrir, de odiar, me tiñe
la garganta con plásticos venenos,
mas la cerda que implanta su orden mágico,
su grandeza taurina, entre la prima
y la sexta   5
y la octava mendaz, las sufre todas.

El placer de sufrir...¿Quién? ¿a quién?
¿quién, las muelas? ¿a quién la sociedad,
los carburos de rabia de la encía?
¿Cómo ser   10
y estar, sin darle cólera al vecino?

Vales más que mi número, hombre solo,
y valen más que todo el diccionario,
con su prosa en verso,
con su verso en prosa,   15
tu función águila,
tu mecanismo tigre, blando prójimo.

El placer de sufrir,
de esperar esperanzas en la mesa,
el domingo con todos los idiomas,   20
el sábado con horas chinas, belgas,
la semana, con dos escupitajos.

El placer de esperar en zapatillas,
de esperar encogido tras de un verso,
de esperar con pujanza y mala poña;   25
el placer de sufrir: zurdazo de hembra
muerta con una piedra en la cintura
y muerta entre la cuerda y la guitarra,
llorando días y cantando meses.

28 Oct 1937

---

12 de nuevo *T* «XXXVIII». Véase nota a «Tengo un miedo terrible
de ser un animal...].

[OYE A TU MASA, A TU COMETA, ESCÚCHALOS; NO GIMAS...]*

Oye a tu masa, a tu cometa, escúchalos; no gimas
de memoria, gravísimo cetáceo;
oye a la túnica en que estás dormido,
oye a tu desnudez, dueña del sueño.

Relátate agarrándote   5
de la cola de fuego y a los cuernos
en que acaba la crin su atroz carrera;
rómpete, pero en círculos;
fórmate, pero en columnas combas;
descríbete atmosférico, sér de humo,   10
a paso redoblado de esqueleto.

¿La muerte? ¿Opónle todo su vestido!
¿La vida? ¡Opónle parte de tu muerte!
Bestia dichosa, piensa;
dios desgraciado, quítate la frente.   15
Luego, hablaremos.

29 Oct 1937

---

* Todo el poema es una profundización de la idea expresada en *T* «XXXVIII». La imprecación permanente a la que somete Vallejo al ser humano no persigue más que su propia liberación. Este poema es un clarísimo exponente de su concepción, matizada y enriquecida en *EspAC*.

10 Queda anotado que *humo* es símbolo en su poesía última de enorme importancia, aquí, por demás, ampliado con *sér* (sic). *Sér,* en Vallejo, es equivalente al hombre que el hombre debe conquistar.

[¿QUE ME DA, QUE ME AZOTO CON LA LÍNEA...]*

¿Qué me da, que me azoto con la línea
y creo que me sigue, al trote, el punto?

Qué me da, que me he puesto
en los hombros un huevo en vez de un manto?

¿Qué me ha dado, que vivo?   5
¿Qué me ha dado, que muero?

¿Qué me da, que tengo ojos?
¿Qué me da, que tengo alma?

¿Qué me da, que se acaba en mí mi prójimo
y empieza en mi carrillo el rol del viento?   10

¿Qué me ha dado, que cuento mis dos lágrimas,
sollozo tierra y cuelgo el horizonte?

¿Qué me ha dado, que lloro de no poder llorar
y río de lo poco que he reído?

¿Qué me da, que ni vivo ni muero?   15

30 Oct 1937

---

* Todo el poema está realizado a base de contrarios (línea/punto; hue-
vo/manto; vivo/muero...) para concluir con la paradoja teresiana, impli-
cando en ella la síntesis ideológica del poema.

ANIVERSARIO*

¡Cuánto catorce ha habido en la existencia!
¡Qué créditos con bruma, en una esquina!
qué diamante sintético, el del casco!
¡Cuánta más dulcedumbre
a lo largo, más honda superficie: 5
¡cuánto catorce ha habido en tan poco uno!

¡Qué deber,
qué cortar y qué tajo,
de memoria a memoria, en la pestaña!
¡Cuánto más amarillo, más granate!   10
¡Cuánto catorce en un solo catorce!

Acordeón de la tarde, en esa esquina,
piano de la mañana, aquella tarde;
clarín de carne,
tambor de un solo palo,   15
guitarra sin cuarta, ¡cuánta quinta,
y cuánta reunión de amigos tontos
y qué nido de tigres el tabaco!
¡Cuánto catorce ha habido en la existencia!

¿Qué te diré ahora,   20
quince feliz, ajeno, quince de otros?
Nada más que no crece ya el cabello,
que han venido por las cartas,
que me brillan los seres que he parido,
que no hay nadie en mi tumba   25
y que me han confundido con mi llanto.

¡Cuánto catorce ha habido en la existencia!

31 Oct 1937

---

* Véanse notas a [Un pilar soportando consuelos...].

1 Para todo el debate sobre la fecha de nacimiento de Vallejo, G.V. *(ibídem,* págs. 256-264).

PANTEÓN*

He visto ayer sonidos generales,
    mortuoriamente,
    puntualmente alejarse,
cuando oí desprenderse del ocaso
    tristemente,
exactamente un arco, un arcoíris.   5

Ví el tiempo generoso del minuto,
    infinitamente
atado localmente al tiempo grande,
pues que estaba la hora   10
    suavemente,
premiosamente henchida de dos horas.

Dejóse comprender, llamar, la tierra
    terrenalmente;
negóse brutalmente así a mi historia,   15
y si ví, que me escuchen, pues, en bloque,
si toqué esta mecánica, que vean
    lentamente,
despacio, vorazmente, mis tinieblas.

Y si ví en la lesión de la respuesta,   20
    claramente,

---

* Noel Salomón (art. cit, en *ACV,* pág. 213) afirma que «ningún texto
—ni siquiera los que expresan un *taedium vitae* evidente (por ejemplo,
«Panteón» [...]— de *Poemas en Prosa, Poemas Humanos* o de *España,
aparta de mí este cáliz,* deja traslucir motivo alguno que se relacione con
la obsesión del suicidio, y muchos reflejan, por el contrario, una verdadera nostalgia de las bellezas de la vida». Salomón en este trabajo —que
aún a los casi veinte años de su publicación continúa siendo fundamental— contestaba a las tesis que veían a Vallejo como un «suicida inconsciente», que murió socavado por un mal que no sería «más que la atrac-
ción metafísica de la Muerte y del Más allá». Idea defendida por Juan Larrea reiteradamente (cfr.: *César Vallejo o hispanoamérica en la Cruz de
su Razón,* págs. 55-62; y *Aula Vallejo,* 2, págs. 125-135).

la lesión mentalmente de la incógnita,
si escuché, si pensé en mis ventanillas
nasales, funerales, temporales,
      fraternalmente,   25
piadosamente echadme a los filósofos.

Más no más inflexión precipitada
en canto llano, y no más
el hueso colorado, el son del alma
      tristemente   30
erguida ecuestremente en mi espinazo,
ya que, en suma, la vida es
      implacablemente,
imparcialmente horrible, estoy seguro.

31 Oct 1937

DOS NIÑOS ANHELANTES

No. No tienen tamaño sus tobillos; no es su espuela
suavísima, que da en las dos mejillas.
Es la vida no más, de bata y yugo.

No. No tiene plural su carcajada,
ni por haber salido de un molusco perpétuo, agluti-
    nante,   5
ni por haber entrado al mar descalza,
es la que piensa y marcha, es la finita.
Es la vida no más; sólo la vida.

Lo sé, lo intuyo cartesiano, autómata,
moribundo, cordial, en fin, espléndido.   10
Nada hay
sobre la ceja cruel del esqueleto;
nada, entre lo que dio y tomó con guante
la paloma, y con guante,
la eminente lombriz aristotélica;   15
nada delante ni detrás del yugo;
nada de mar en el océano
y nada
en el orgullo grave de la célula.
Sólo la vida; así: cosa bravísima.   20

Plenitud inextensa,
alcance abstracto, venturoso, de hecho,

1ss Toda esta primera estrofa fue reordenada por Vallejo al revisarla.
Originalmente decía así: «No. No tiene tamaño/ ni se afila en su tobillo/
la agresiva mandíbula del gallo, no es su espuela/ dentada, la que va en
dos mejillas/. Es la vida no más, de bata y yugo». La nueva disposición
vallejiana es de enorme interés para una de las hipótesis que he venido
manteniendo. Resulta innegable la ampliación del espacio poético, pero
además Vallejo hace desaparecer todas las expresiones que denotan agresividad, al extremo de cambiar «espuela dentada» por «espuela suavísima» y hacer desaparecer todo el segundo verso.
   5 *perpétuo:* sic en MS.
  21 No quedan dudas con respecto a la ampliación espacial vallejiana.

glacial y arrebatado, de la llama;
freno del fondo, rabo de la forma.
Pero aquello   25
para lo cual nací ventilándome
y crecí con afecto y drama propios,
mi trabajo rehúsalo,
mi sensación y mi arma lo involucran.
Es la vida y no más, fundada, escénica.   30

Y por este rumbo,
su serie de órganos extingue mi alma
y por este indecible, endemoniado cielo,
mi maquinaria da silbidos técnicos,
paso la tarde en la mañana triste   35
y me esfuerzo, palpito, tengo frío.

2 Nov 1937

---

24 «motor del fondo, freno de la forma» en MS. Sustituye el sentido
completo del verso: «Dime cómo escribes, y te diré qué escribes», dijo en
El Arte y la Revolución.

[UN HOMBRE ESTÁ MIRANDO A UNA MUJER...]

Un hombre está mirando a una mujer,
está mirándola inmediatamente,
con su mal de tierra suntuosa
y la mira a dos manos
y la tumba a dos pechos   5
y la mueve a dos hombres.

Pregúntome entonces, oprimiéndome
la enorme, blanca, acérrima costilla:
Y este hombre
¿no tuvo a un niño por creciente padre?   10
¿y esta mujer, a un niño
por constructor de su evidente sexo?

Puesto que un niño veo ahora,
niño ciempiés, apasionado, enérgico;
veo que no le ven   15
sonarse entre los dos, colear, vestirse;
puesto que los acepto,
a ella en condición aumentativa,
a él en la flexión del heno rubio.

Y exclamo entonces, sin cesar ni uno   20
de vivir, sin volver ni uno
a temblar en la justa que venero:

---

* Todo el poema posee una indudable carga sexual. Un estudio comparativo entre [Una mujer...], [Existe un mutilado...] y las diversas alusiones anotadas en *[PH]* junto con este poema, permiten afirmar una visión material de la cópula, alejada de cualquier contacto religioso.

14 En el cambio de tiempos al que Vallejo somete el poema llega a los comienzos del desarrollo humano, de ahí que sea «niño ciempiés». Véanse notas a [Tengo un miedo terrible de ser un animal...].

22 No es otra que el sexo.

¡Felicidad seguida
tardíamente del Padre,
del Hijo y de la Madre!   25
¡Instante redondo,
familiar, que ya nadie siente ni ama!
¡De qué deslumbramiento áfono, tinto,
se ejecuta el cantar de los cantares!
¡De qué tronco, el florido carpintero!
¡De qué perfecta axila, el frágil remo!
¡De qué casco, ambos cascos delanteros!

2 Nov 1937

---

29 La alusión epitalámica incluso reiterativa ya no deja lugar a dudas.
32 *cascos:* en Perú, pechos.

[UN HOMBRE PASA CON UN PAN AL HOMBRO...]*

Un hombre pasa con un pan al hombro
¿Voy a escribir, después, sobre mi doble?

Otro se sienta, ráscase, extrae un piojo de su axila,
    mátalo
¿Con qué valor hablar del psicoanálisis?

Otro ha entrado a mi pecho con un palo en la mano   5
¿Hablar luego de Sócrates al médico?

Un cojo pasa dando el brazo a un niño
¿Voy, después, a leer a André Bretón?

Otro tiembla de frío, tose, escupe sangre
¿Cabrá aludir jamás al Yo profundo?   10

Otro busca en el fango huesos, cáscaras
¿Cómo escribir, después, del infinito?

Un albañil, cae de un techo, muere y ya no almuerza
¿Innovar, luego, el tropo, la metáfora?

Un comerciante roba un gramo en el peso a un
    cliente   15

---

* En opinión —que comparto en su conjunto— de Julio Ortega (art. cit, en *ACV,* pág. 301) este poema constituye una de las poéticas presentes en *[PH].* En la mía, por demás, constituye la poética de aquéllos poemas claramente incluidos en la *Estética del trabajo* (véase «Introducción»). Partiendo de la utilización de una expresión bíblica, la lucha permanente —subjetiva y objetiva— del ser humano (que ya no es solo animal) queda magistralmente expuesta. Poemas como «Gleba», «Telúrica y Magnética» [Los mineros salieron de la mina...] etc., encuentran aquí su poética, N. Salomón (art. cit) hace una excelente interpretación de este poema. Véase «Introducción».

1 Véase verso 1 de [Viniere el malo, con un trono al hombro...].

¿Hablar, después, de cuarta dimensión?

Un banquero falsea su balance
¿Con qué cara llorar en el teatro?

Un paria duerme con el pie a la espalda
¿Hablar, después, a nadie de Picasso?   20

Alguien va a un entierro sollozando
¿Cómo luego ingresar a la Academia?

Alguien limpia un fusil en su cocina
¿Con qué valor hablar del más allá?

Alguien pasa contando con sus dedos   25
¿Cómo hablar del no-yó sin dar un grito?

5 Nov 1937

[ME VIENE, HAY DÍAS, UNA GANA UBÉRRIMA, POLÍTICA...]

Me viene, hay días, una gana ubérrima, política,
de querer, de besar al cariño en sus dos rostros,
y me viene de lejos un querer
demostrativo, otro querer amar, de grado o fuerza,
al que me odia, al que rasga su papel, al muchachito,   5
a la que llora por el que lloraba,
al rey del vino, al esclavo del agua,
al que ocultóse en su ira,
al que suda, al que pasa, al que sacude su persona en
        mi alma.

Y quiero, por lo tanto, acomodarle   10
al que me habla, su trenza; sus cabellos, al soldado;
su luz, al grande; su grandeza, al chico.
Quiero planchar directamente
un pañuelo al que no puede llorar
y, cuando estoy triste o me duele la dicha,   15
remendar a los niños y a los genios.

Quiero ayudar al bueno a ser su poquillo de malo
y me urge estar sentado
a la diestra del zurdo, y responder al mudo,
tratando de serle útil en   20
lo que puedo, y también quiero muchísimo
lavarle al cojo el pie,
y ayudarle a dormir al tuerto próximo.

¡Ah querer, éste, el mío, éste, el mundial,
interhumano y parroquial, provecto!   25

---

1 *política:* añadido en MS.
45 Esta misma idea, aunque con mayor intensidad, aparece en «Himno
a los voluntarios de la República» de *EspAC,* versos 65-66: [...] tu gana/
dantesca, españolísima, de amar, aunque sea a traición, a tu enemigo».
Véase nota 6 a [Las ventanas se han estremecido...].

Me viene a pelo,
desde el cimiento, desde la ingle pública,
y, viniendo de lejos, da ganas de besarle
la bufanda al cantor,
y al que sufre, besarle en su sartén,   30
al sordo, en su rumor craneano, impávido;
al que me da lo que olvidé en mi seno,
en su Dante, en su Chaplin, en sus hombros.

Quiero, para terminar,
cuando estoy al borde célebre de la violencia   35
o lleno de pecho el corazón, querría
ayudar a reír al que sonríe,
ponerle un pajarillo al malvado en plena nuca,
cuidar a los enfermos enfadándolos,
comprarle al vendedor,   40
ayudarle a matar al matador —cosa terrible—
y quisiera yo ser bueno conmigo
en todo.

6 Nov 1937

---

33 En su obra de teatro *Dressing-Room,* Vallejo contrapone a Chaplin
y Charlot mostrando todas sus simpatías hacia el último. Esto confirma
lo expuesto en «París, octubre 1936».
35-36 Violencia y amor (en el contexto vallejiano de «amor universal») son una misma cosa ya en sus últimos poemas.

[HOY LE HA ENTRADO UNA ASTILLA...]

Hoy le ha entrado una astilla.
Hoy le ha entrado una astilla cerca, dándole
cerca, fuerte, en su modo
de ser y en su centavo y a famoso.
Le ha dolido la suerte mucho,   5
todo;
le ha dolido la puerta,
le ha dolido la faja, dándole
sed, aflixión
y sed del vaso pero no del vino.   10
Hoy le salió a la pobre vecina del aire,
a escondidas, humareda de su dogma;
hoy le ha entrado una astilla.

La inmensidad persíguela
a distancia superficial, a un vasto eslabonazo,   15
Hoy le salió a la pobre vecina del viento,
en la mejilla, norte, y en la mejilla, oriente;
hoy le ha entrado una astilla.

¿Quién comprará, en los días perecederos, ásperos,
un pedacito de café con leche,   20
y quién, sin ella, bajará a su rastro hasta dar luz?
¿Quién será, luego, sábado a las siete?
¡Tristes son las astillas que le entran
a uno,
exactamente ahí precisamente!   25
Hoy le entró a la pobre vecina de viaje,

---

9 *Aflixión: Sic* en MS.
12 Este verso en el que se unen el símbolo *humo* (véase nota 10 a
[Oye a tu masa, a tu cometa, escúchalos; no gimas...]) y dogma, deja bien
claro, por si hubiera alguna duda, que la *astilla* no es otra cosa que la duda
religiosa.
14 Véanse notas sobre el espacio vallejiano, y en especial «Introducción».

una llama apagada en el oráculo;
hoy le ha entrado una astilla.

Le ha dolido el dolor, el dolor joven,
el dolor niño, el dolorazo, dándole   30
en las manos
y dándole sed, aflixión
y sed del vaso, pero no del vino.
¡La pobre pobrecita!

6 Nov 1937

EL ALMA QUE SUFRIÓ DE SER SU CUERPO*

Tú sufres de una glándula endocrínica, se ve,
o, quizá,
sufres de mí, de mi sagacidad escueta, tácita.
Tú padeces del diáfano antropoide, allá, cerca,
donde está la tiniebla tenebrosa.   5
Tú das vueltas al sol, agarrándote el alma,
extendiendo tus juanes corporales
y ajustándote el cuello; eso se ve.
Tú sabes lo que te duele,
lo que te salta el anca,   10
lo que baja por ti con soga al suelo.
Tú, pobre hombre, vives; no lo niegues,
si mueres; no lo niegues,
si mueres de tu edad ¡ay! y de tu época.
Y, aunque llores, bebes,   15
y, aunque sangres, alimentas a tu híbrido colmillo,
a tu vela tristona y a tus partes.
Tú sufres, tú padeces y tú vuelves a sufrir horrible-
     mente,
desgraciado mono,
jovencito de Darwin,   20
alguacil que me atisbas, atrocísimo microbio.
Y tú lo sabes a tal punto,

---

* A pesar de figurar la fecha de 1937 al final del poema, en el verso
29, Vallejo añadió a mano 1938. Posiblemente en una nueva lectura quiso
actualizar el poema, su deseo de concreción es constante en toda su poesía.

1 *Glándula endocrina:* nueva alusión fisiológica, en este caso a la glándula que vierte directamente su secreción a la sangre. Es una ironía que
vuelve a utilizar en los versos finales. El hombre vallejiano ha dejado de
ser un animal.

4 *Antropoide:* familia de los gorilas que se parece al hombre, pero que
continúa siendo un animal. Ser hombre es una conquista. De nuevo, al
fondo, *T,* «XXXVIII».

12, 14 Reiteraciones con nuevas matizaciones. El hombre vallejiano
está inmerso en su época.

19, 21 Nueva ironía. Véanse notas 1 y 4.

que lo ignoras, soltándote a llorar.
Tú, luego, has nacido; eso
también se ve de lejos, infeliz y cállate,   25
y soportas la calle que te dió la suerte
y a tu ombligo interrogas: ¿dónde? ¿cómo?

Amigo mío, estás completamente,
hasta el pelo, en el año treinta y ocho,
nicolás o santiago, tal o cual,   30
estés contigo o con tu aborto o conmigo
y cautivo en tu enorme libertad,
arrastrado por tu hércules autónomo...
Pero si tú calculas en tus dedos hasta dos,
es peor; no lo niegues, hermanito.   35

¿Que nó? ¿Que sí, pero que nó?
¡Pobre mono!... ¡Dame la pata!... No. La mano, he
   dicho.

¡Salud! ¡Y sufre!

8 Nov 1937

---

38 La importancia de *mano* adquiere todo se sentido en este poema.
Véanse nota 3 a [Quiere y no quiere su color mi pecho...] e «Introducción».
   39 La expresión idiomática ¡Salud! vuelve a utilizarla en «VIII» de
EspAC: «¡Salud, hombre de Dios, mata y escribe!». Véase nota 24 a [Los
mineros salieron de la mina...].

PALMAS Y GUITARRA

Ahora, entre nosotros, aquí,
ven conmigo, trae por la mano a tu cuerpo
y cenemos juntos y pasemos un instante la vida
a dos vidas y dando una parte a nuestra muerte.

Ahora, ven contigo, hazme el favor   5
de quejarte en mi nombre y a la luz de la noche te-
    nebrosa
en que traes a tu alma de la mano
y huímos en puntillas de nosotros.

Ven a mí, sí, y a ti, sí,
con paso par, a vernos a los dos con paso impar,   10
marcar el paso de la despedida.
¡Hasta cuando volvamos! ¡Hasta la vuelta!
¡Hasta cuando leamos, ignorantes!
¡Hasta cuando volvamos, despidámonos!

¿Qué me importan los fusiles,   15
escúchame;
escúchame, ¿qué impórtanme,
si la bala circula ya en el rango de mi firma?
¿Qué te importan a ti las balas,
si el fusil está humeando ya en tu olor?   20
Hoy mismo pesaremos
en los brazos de un ciego nuestra estrella
y, una vez que me cantes, lloraremos.
Hoy mismo, hermosa, con tu paso par
y tu confianza a que llegó mi alarma,   25
saldremos de nosotros, dos a dos.
¡Hasta cuando seamos ciegos!
¡Hasta
que lloremos de tánto volver!

---

20 Nueva presencia de *humo*. Véase nota 12 a [Hoy le ha entrado una
astilla...] e «Introducción».

Ahora,
entre nosotros, trae
por la mano a tu dulce personaje
y cenemos juntos y pasemos un instante la vida
a dos vidas y dando una parte a nuestra muerte.

Ahora, ven contigo, hazme el favor   35
de cantar algo
y de tocar en tu alma, haciendo palmas.
¡Hasta cuando volvamos! ¡Hasta entonces!
¡Hasta cuando partamos, despidámonos!

8 Nov 1937

YUNTAS*

Completamente. Además, ¡vida!
Completamente. Además, ¡muerte!

Completamente. Además, ¡todo!
Completamente. Además, ¡nada!

Completamente. Además, ¡mundo!   5
Completamente. Además, ¡polvo!

Completamente. Además, ¡Dios!
Completamente. Además, ¡nadie!

Completamente. Además, ¡nunca!
Completamente. Además, ¡siempre!   10

Completamente. Además, ¡oro!
Completamente. Además, ¡humo!

Completamente. Además, ¡lágrimas!
Completamente. Además, ¡risas!...

¡Completamente!   15

9 Nov 1937

---

* J. Higgins (art. cit) observa la presencia irónica de los adverbios (completamente / además) logrando un interesante análisis del poema.

15 No todos los versos anteriores están marcados por rasgos de oposición. Si bien se oponen vida/muerte, todo/nada, Dios/nadie, nunca/siempre, lágrimas/risa; no sucede así con mundo/polvo y oro/humo, este último por demás, es conclusivo. Así pues no existe una obsesión de contrarios sino una utilización de ellos, junto con otros complementarios.

[ACABA DE PASAR EL QUE VENDRÁ...]*

Acaba de pasar el que vendrá
proscrito, a sentarse en mi triple desarrollo;
acaba de pasar criminalmente.

Acaba de sentarse más acá,
a un cuerpo de distancia de mi alma,   5
el que vino en un asno a enflaquecerme;
acaba de sentarse de pie, lívido.

Acaba de darme lo que está acabado,
el calor del fuego y el pronombre inmenso
que el animal crió bajo su cola.   10

Acaba
de expresarme su duda sobre hipótesis lejanas
que él aleja, aún más, con la mirada.

Acaba de hacer al bien los honores que le tocan
en virtud del infame paquidermo,   15
por lo soñado en mí y en él matado.

Acaba de ponerme (no hay primera)
su segunda aflixión en plenos lomos
y su tercer sudor en plena lágrima.

Acaba de pasar sin haber venido.   20

12 Nov 1937

---

* La alusión bíblica «el que ha de venir» y «el que vendrá» muy ex-
tendida durante el primer tercio de nuestro siglo y utilizada por Nietzs-
che en *Así habló Zaratustra*, es entendida por Vallejo en su doble dimensión política (de anunciación del fascismo) y religiosa. La ironía queda
muy clara.

18 *Aflixión: sic* en MS.

[¡ANDE DESNUDO, EN PELO, EL MILLONARIO!...]

¡Ande desnudo, en pelo, el millonario!
¡Desgracia al que edifica con tesoros su lecho de
    muerte!
¡Un mundo al que saluda;
un sillón al que siembra en el cielo;
llanto al que da término a lo que hace, guardando los
    comienzos;   5
ande el de las espuelas;
poco dure muralla en que no crezca otra muralla;
dése al mísero toda su miseria,
pan, al que ríe;
hayan perder los triunfos y morir los médicos;   10
haya leche en la sangre;
añádase una vela al sol,
ochocientos al veinte;
pase la eternidad bajo los puentes!
¡Desdén al que viste,   15
corónense los pies de manos, quepan en su tamaño;
siéntese mi persona junto a mí!
¡Llorar al haber cabido en aquel vientre,
bendición al que mira aire en el aire,
muchos años de clavo al martillazo;   20
desnúdese el desnudo,
vístase de pantalón la capa,
fulja el cobre a espensas de sus láminas,

---

* Partiendo de las maldiciones de los profetas a las que somete a un proceso de transformación, Vallejo expresa con nitidez sus deseos de un mundo más justo. La presencia del imperativo (cf. J. L. Austin, «Perfomative-constative» en *The Philosophy of Languaje,* Oxford, 1971, comp. J. R. Searle, págs. 13-22) es constante en el poema contrarrestándose con el último verso. El imperativo —junto con el espacio agigantado— le sirve como expresión de un mundo utópico y de un tiempo futuro (y deseado).

23 *Espensas: sic* en MS.

magestad al que cae de la arcilla al universo,
lloren las bocas, giman las miradas,   25
impídase al acero perdurar,
hilo a los horizontes portátiles,
doce ciudades al sendero de piedra,
una esfera al que juega con su sombra;
un día hecho de una hora, a los esposos;   30
una madre al arado en loor al suelo,
séllense con dos sellos a los líquidos,
pase lista el bocado,
sean los descendientes,
sea la codorniz,   35
sea la carrera del álamo y del árbol;
venzan, al contrario del círculo, el mar a su hijo
y a la cana el lloro;
dejar los áspides, señores hombres,
surcad la llama con los siete leños,   40
vivid,
elévese la altura,
baje el hondor más hondo,
conduzca la onda su impulsión andando,
tenga éxito la tregua de la bóveda!   45
¡Muramos;
lavad vuestro esqueleto cada día;
no me hagáis caso,
una ave coja al déspota y a su alma;
una mancha espantosa, al que va solo;   50
gorriones al astrónomo, al gorrión, al aviador!
¡Lloved, solead,
vigilad a Júpiter, al ladrón de ídolos de oro,
copiad vuestra letra en tres cuadernos
aprended de los cónyuges cuando hablan, y   55
de los solitarios, cuando callan;
dad de comer a los novios,
dad de beber al diablo en vuestras manos,
luchad por la injusticia con la nuca,
igualaos,   60

---

24 *Magestad: sic* en MS.

cúmplase el roble,
cúmplase el leopardo entre dos robles,
seamos,
estémos,
sentid cómo navega el agua en los océanos,   65
alimentaos,
concíbase el error, puesto que lloro,
acéptese, en tanto suban por el risco, las cabras y sus
    crías;
desacostumbrad a Dios a ser un hombre,
creced...!   70
Me llaman. Vuelvo.

19 Nov 1937

---

64 acentuado en MS.

[VINIERE EL MALO CON UN TRONO
AL HOMBRO...]*

Viniere el malo, con un trono al hombro,
y el bueno, a acompañar al malo a andar;
dijeren «sí» el sermón, «no» la plegaria
y cortare el camino en dos la roca...

Comenzare por monte la montaña,   5
por remo el tallo, por timón el cedro
y esperaren doscientos a sesenta
y volviere la carne a sus tres títulos...

Sobrase nieve en la noción del fuego,
se acostare el cadáver a mirarnos,   10
la centella a ser trueno corpulento
y se arquearen los saurios a ser aves...

Faltare excavación junto al estiércol,
naufragio al río para resbalar,
cárcel al hombre libre, para serlo,   15
y una atmósfera al cielo, y hierro al oro...

Mostraren disciplina, olor, las fieras,
se pintare el enojo de soldado,
me dolieren el junco que aprendí,
la mentira que inféctame y socórreme...   20

---

* Alain Sicard en su excelente trabajo «Vallejo, dialectique et poétique» en *CRICCAL,* primer trimestre de 1986, págs. 202-203, hace un análisis esclarecedor de este poema, afirmando que «el absurdo, en *Poemas
Humanos,* cambia de campo» y que «la dialéctica vuelve lúcida a la angustia».

1 Alusiones a Isaías (65, 17-25).
19 *El junto que aprendí,* en opinión de Sicard, modificación de la célé-
bre frase de Pascal: «Soy un junco que piensa», para que así «el pensamiento se vuelva exterior al sujeto pensante para ser algo ajeno que ena-
jena».

Sucediere ello así y así poniéndolo,
¿con qué mano despertar?
¿con qué pie morir?
¿con qué ser pobre?
¿con qué voz callar?   25
¿con cuánto comprender, y, luego, a quién?

No olvidar ni recordar
que por mucho cerrarla, robáronse la puerta,
y de sufrir tan poco estoy muy resentido,
y de tánto pensar, no tengo boca.   30

19 Nov 1937

[AL REVÉS DE LAS AVES DEL MONTE...]

Al revés de las aves del monte,
que viven del valle,
aquí, una tarde,
aquí, presa, metaloso, terminante,
vino el Sincero con sus nietos pérfidos,   5
y nosotros quedámonos, que no hay
más madera en la cruz de la derecha,
ni más hierro en el clavo de la izquierda,
que un apretón de manos entre zurdos.

Vino el Sincero, ciego, con sus lámparas.   10
Se vió al Pálido, aquí, bastar
al Encarnado;
nació de puro humilde el Grande;
la guerra,
esta tórtola mía, nunca nuestra,   15
diseñóse, borróse, ovó, matáronla.

Llevóse el Ebrio al labio un roble, porque
amaba, y una astilla
de roble, porque odiaba;
trenzáronse las trenzas de los potros   20
y la crin de las potencias;
cantaron los obreros; fui dichoso.

El Pálido abrazóse al Encarnado
y el Ebrio, saludónos, escondiéndose.
Como era aquí y al terminar el día,   25
¡qué más tiempo que aquella plazoleta!
¡qué año mejor que esa gente!
¡qué momento más fuerte que ese siglo!

---

26 Tres nuevos ejemplos de catacresis: tiempo/plazoleta, año/gente;
momento/siglo.

Pues de lo que hablo no es
sino de lo que pasa en esta época, y   30
de lo que ocurre en China y en España, y en el mundo.
(Walt Whitman tenía un pecho suavísimo y respi-
    raba
y nadie sabe lo que él hacía cuando lloraba en su
    comedor).
Pero volviendo a lo nuestro,
y al verso que decía, fuera entonces   35
que ví que el hombre es malnacido,
mal vivo, mal muerto, mal moribundo,
y, naturalmente,
el tartufo sincero desespérase,
el pálido (es el pálido de siempre)   40
será pálido por algo,
y el ebrio, entre la sangre humana y la leche animal,
abátese, da, y opta por marcharse.
Todo esto
agítase, ahora mismo,   45
en mi vientre de macho extrañamente.

20 Nov 1937

---

31 De nuevo la concreción vallejiana.

32 Vallejo retocó estos versos finales, que en MS, eran dos más. Decían
así: «En el mundo; y Walt Whitman tenía mucha razón./ (Walt Whitman tenía un pecho suavísimo y respiraba/ y nadie sabe lo que él hacía
cuando lloraba en su comedor:/ para mí, que contando hasta quinientos,
no podía pasar/ de ciento treinta; es lo probable)».

[ELLO ES QUE EL LUGAR DONDE ME PONGO...]

Ello es que el lugar donde me pongo
el pantalón, es una casa donde
me quito la camisa en alta voz
y donde tengo un suelo, un alma, un mapa de mi
    España.
Ahora mismo hablaba   5
de mí conmigo, y ponía
sobre un pequeño libro un pan tremendo
y he, luego, hecho el traslado, he trasladado,
queriendo canturrear un poco, el lado
derecho de la vida al lado izquierdo;   10
más tarde, me he lavado todo, el vientre,
briosa, dignamente;
he dado vuelta a ver lo que se ensucia,
he raspado lo que me lleva tan cerca.
y he ordenado bien el mapa que   15
cabeceaba o lloraba, no lo sé.

Mi casa, por desgracia, es una casa,
un suelo por ventura, donde vive
con su inscripción mi cucharita amada,
mi querido esqueleto ya sin letras,   20
la navaja, un cigarro permanente.
De veras, cuando pienso
en lo que es la vida,
no puedo evitar de decírselo a Georgette,
a fin de comer algo agradable y salir,   25
por la tarde, comprar un buen periódico,
guardar un día para cuando no haya,

---

16 La imagen de un mapa de España llorando, también se encuentra
en el poema de Rafael Alberti «18 de Julio»: «Sufre el mapa de España,
grita, llora».

19 De nuevo *cuchara*. Véanse notas a [Un pilar soportando consuelos]
«Anniversario», «Pedro Rojas» y especialmente «Introducción».

una noche también, para cuando haya
(así se dice en el Perú —me excuso);
del mismo modo, sufro con gran cuidado,   30
a fin de no gritar o de llorar, ya que los ojos
poseen, independientemente de uno, sus pobrezas,
quiero decir, su oficio, algo
que resbala del alma y cae al alma.

Habiendo atravesado   35
quince años; después, quince, y, antes, quince,
uno se siente, en realidad, tontillo,
es natural, por lo demás ¡qué hacer!
¿Y qué dejar de hacer, que es lo peor?
Sino vivir, sino llegar   40
a ser lo que es uno entre millones
de panes, entre miles de vinos, entre cientos de bocas,
entre el sol y su rayo que es de luna
y entre la misa, el pan, el vino y mi alma.

Hoy es domingo, y por eso,   45
me viene a la cabeza la idea, al pecho el llanto
y a la garganta, así como un gran bulto.
Hoy es domingo, y esto
tiene muchos siglos; de otra manera,
sería, quizá, lunes, y vendríame al corazón la idea,   50
al seso, el llanto
y a la garganta, una gana espantosa de ahogar
lo que ahora siento,
como un hombre que soy y que he sufrido.

21 Nov 1937

[EN SUMA, NO POSEO PARA EXPRESAR MI VIDA...]

En suma, no poseo para expresar mi vida, sino mi 1
muerte.

Y, después de todo, al cabo de la escalonada natu- 2
raleza y del gorrión en bloque, me duermo, mano a
mano con mi sombra.

Y al descender del acto venerable y del otro gemi- 3
do, me reposo pensado en la marcha impertérrita del
tiempo.

¿Por qué la cuerda, entonces, si el aire es tan sen- 4
cillo? ¿Para qué la cadena, si existe el hierro por sí
solo?

César Vallejo, el acento con que amas, el verbo con 5
que escribes, el vientecillo con que oyes, sólo saben
de ti por tu garganta.

César Vallejo, póstrate, por eso, con indistinto or- 6
gullo, con tálamo de ornamentales áspides y exago-
nales ecos.

Restitúyete el corpóreo panal, a la beldad; aroma 7
los florecidos corchos, cierra ambas grutas al sañudo
antropoide; repara, en fin, tu antipático venado; ten-
te pena.

¡Que no hay cosa más densa que el odio en voz pa- 8
siva, ni más mísera ubre que el amor!

¡Que ya no puedo andar, sino en dos harpas! 9

¡Que ya no me conoces, sino porque te sigo ins- 10
trumental, prolijamente!

¡Que ya no doy gusanos, sino breves! 11

¡Que ya te implico tánto, que medio que te afilas! 12

¡Que ya llevo unas tímidas legumbres y otras bra- 13
vas!

Pues el afecto que quiébrase de noche en mis bron- 14
quios, lo trajeron de día ocultos deanes y, si amanez-

---

7 Persisten, como puede observarse, las alusiones biológicas. Véase nota
4 a «El alma que sufrió de ser su cuerpo».

co pálido, es por mi obra; y, si anochezco rojo, por
mi obrero. Ello explica, igualmente, estos cansancios
míos y estos despojos, mis famosos tíos. Ello explica, en fin, esta lágrima que brindo por la dicha de
los hombres.

César Vallejo, parece   15
mentira que así tarden tus parientes,
sabiendo que ando cautivo,
sabiendo que yaces libre!
¡Vistosa y perra suerte!
¡César Vallejo, te odio con ternura!   20

25 Nov 1937

_____

17 Los versos finales de *T* «III» dicen: «No me vayan a haber dejado
solo,/ y el único recluso sea yo».

[OTRO POCO DE CALMA, CAMARADA...]

Otro poco de calma, camarada;
un mucho inmenso, septentrional, completo,
feroz, de calma chica,
al servicio menor de cada triunfo
y en la audaz servidumbre del fracaso.   5

Embriaguez te sobra, y no hay
tanta locura en la razón, como este
tu raciocinio muscular, y no hay
más racional error que tu experiencia.

Pero, hablando más claro   10
y pensándolo en oro, eres de acero,
a condición que no seas
tonto y rehuses
entusiasmarte por la muerte tánto
y por la vida, con tu sola tumba.   15

Necesario es que sepas
contener tu volumen sin correr, sin afligirte,
tu realidad molecular entera
y más allá, la marcha de tus vivas
y más acá, tus mueras legendarios.   20

Eres de acero, como dicen,
con tal que no tiembles y no vayas
a reventar, compadre
de mi cálculo, enfático ahijado
de mis sales luminosas!   25

Anda, no más; resuelve,
considera tu crisis, suma, sigue,

---

1 *Camarada:* con esta denominación Vallejo se refiere generalmente al hombre nuevo por el que lucha.

26, 27 Toda la estrofa —y de manera particular los tres últimos versos— son incompensibles sin tener en cuenta principios fundamentales

tájala, bájala, ájala;
el destino, las energías íntimas, los catorce
versículos del pan: ¡cuántos diplomas   30
y poderes, al borde fehaciente de tu arranque!
¡Cuánto detalle en síntesis, contigo!
¡Cuánta presión idéntica, a tus pies!
¡Cuánto rigor y cuánto patrocinio!

Es idiota   35
ese método de padecimiento,
esa luz modulada y virulenta,
si con sólo la calma haces señales
serias, características, fatales.

Vamos a ver, hombre;   40
cuéntame lo que me pasa,
que yo, aunque grite, estoy siempre a tus órdenes.

28 Nov 1937

---

del materialismo dialéctico, tales como la oposición entre contrarios y su
síntesis.

SERMÓN SOBRE LA MUERTE*

Y, en fin, pasando luego al dominio de la muerte,
que actúa en escuadrón, previo corchete,
párrafo y llave, mano grande y diéresis,
¿a qué el pupitre asirio! ¡a qué el cristiano púlpito,
el intenso jalón del mueble vándalo   5
o, todavía menos, este esdrújulo retiro?

¿Es para terminar,
mañana, en prototipo del alarde fálico,
en diabetis y en blanca vacinica,
en rostro geométrico, en difunto,   10
que se hacen menester sermón y almendras,
que sobran literalmente patatas
y este espectro fluvial en que arde el oro
y en que se quema el precio de la nieve?
¿Es para eso, que morimos tánto?   15
¿Para sólo morir,
tenemos que morir a cada instante?
¿Y el párrafo que escribo?
¿Y el corchete deísta que enarbolo?
¿Y el escuadrón en que falló mi casco?   20
¿Y la llave que va a todas las puertas?
¿Y la forense diéresis, la mano,
mi patata y mi carne y mi contradicción bajo la
    sábana?

---

* Vallejo construye este poema —el último fechado en su revisión— a base de determinados vocablos enormemente importantes que
se repiten. Así *corchete, diéresis, esdrújulo, pupitre, púlpito*. Es de
destacar que salvo *púlpito* (en el poema íntimamente relacionado con
cristiano y muerte) todos los términos denotan conceptos de cultura.
En cuanto a vocabulario no existen dudas de que es el Vallejo de *EspAc*.
La antanaclasis vallejiana adquiere especial relevancia en este poema,
que junto con la auxexis y la anáfora dan todo el sentido de sermón o
discusión.

242

¡Loco de mí, lovo de mí, cordero
de mí, sensato, caballísimo de mí!   25

¡Pupitre, sí, toda la vida; púlpito,
también, toda la muerte!
Sermón de la barbarie: estos papeles;
esdrújulo retiro: este pellejo.

De esta suerte, cogitabundo, aurífero, brazudo,   30
defenderé mi presa en dos momentos,
con la voz y también con la laringe,
y del olfato físico con que oro
y del instinto de inmovilidad con que ando,
me honraré mientras viva —hay que decirlo;   35
se enorgullecerán mis moscardones,
porque, al centro, estoy yo, y a la derecha,
también, y, a la izquierda, de igual modo.

8 Dic 1937

24, 25 J. Franco *(op. cit.,* págs. 105-106) observa que mediante paro-
nomasias y asociaciones se sigue esta cadena: loco-lovo (lobo); cordero
(cuerdo)-sensato (cabal)-caballísimo.

España, aparta de mí este cáliz

CÉSAR VALLEJO
(1894-1938)

ESPAÑA,
aparta de mí este cáliz

POEMAS

(Prólogo de Juan Larrea. Dibujo de Pablo Picasso)

*Soldados de la República fabricaron el papel,
compusieron el texto y movieron las máquinas.
Ediciones Literarias del Comisariado.
Ejército del Este*

Guerra de Independencia. Año de 1939

Portada de la primera edición.

I

HIMNO A LOS VOLUNTARIOS
DE LA REPÚBLICA

Voluntario de España, miliciano
de huesos fidedignos, cuando marcha a morir tu corazón,
cuando marcha a matar con su agonía
mundial, no sé verdaderamente
qué hacer, dónde ponerme; corro, escribo, aplaudo,   5
lloro, atisbo, destrozo, apagan, digo
a mi pecho que acabe, al bien que venga,
y quiero desgraciarme;
descúbrome la frente impersonal hasta tocar   10
el vaso de la sangre, me detengo,
detienen mi tamaño esas famosas caídas de arquitecto
con las que se honra el animal que me honra;
refluyen mis instintos a sus sogas,
humea ante mi tumba la alegría
y, otra vez, sin saber qué hacer, sin nada, déjame   15
desde mi piedra en blanco, déjame,
solo,

---

3 Variación sobre el versículo de Marcos (14, 32).

16 Posible errata. En MS «en blanco» y no «el blanco». Alusión del poeta a su propia tumba. Véase «Piedra negra sobre una piedra blanca» de [PH].

17 Véase T, «XXXVIII» en el que Vallejo pide que dejen solo al hombre para que de esta forma pueda «marcharme a formar las izquierdas/ los nuevos Menos».

cuadrumano, más acá, mucho más lejos,
al no caber entre mis manos tu largo rato extático,
quiebro contra tu rapidez de doble filo   20
mi pequeñez en traje de grandeza!

Un día diurno, claro, atento, fértil
¡oh bienio, el de los lóbregos semestres suplicantes,
por el que iba la pólvora mordiéndose los codos!
¡Oh dura pena y más duros pedernales!   25
¡Oh frenos los tascados por el pueblo!
Un día prendió el pueblo su fósforo cautivo, oró de
    cólera
y soberamente pleno, circular,
cerró su natalicio con manos electivas;
arrastraban candado ya los déspotas   30
y en el candado, sus bacterias muertas...

¿Batallas? ¡No! ¡Pasiones! ¡Y pasiones precedidas
de dolores con rejas de esperanzas,
de dolores de pueblos con esperanzas de hombres!
¡Muerte y pasión de paz, las populares!   35
¡Muerte y pasión guerreras entre olivos, enten-
    dámonos!
Tal en tu aliento cambian de agujas atmosféricas los
    vientos
y de llave las tumbas en tu pecho,
tu frontal elevándose a primera potencia de martirio.

El mundo exclama: «¡Cosas de españoles!» Y es ver-
    dad. Consideremos   40
durante una balanza, a quema ropa,

---

21 En carta a Juan Larrea de fecha 28 de octubre de 1936, escribe:
«Nunca medí tanto mi pequeñez humana. Nunca me di cuenta de lo poco
que puede un hombre individualmente. Esto me aplasta». Cfr. José Manuel Castañon, *Epistolario General,* Valencia, Pre-Textos, 1982, pág. 262.
    23 Alusión al llamado por los historiadores «bienio negro» que abarca
desde 1934 a febrero de 1936.
    29 Triunfo del Frente Popular, febrero de 1936.

a Calderón, dormido sobre la cola de un anfibio
muerto
o a Cervantes, diciendo: «Mi reino es de este mundo,
pero
también del otro»: ¡punta y filo en dos papeles!
Contemplemos a Goya, de hinojos y rezando ante un
    espejo,   45
a Coll, el paladín en cuyo asalto cartesiano
tuvo un sudor de nube el paso llano
o a Quevedo, ese abuelo instantáneo de los dinami-
teros
o a Cajal, devorado por su pequeño infinito, o todavía
a Teresa, mujer, que muere porque no muere   50
o a Lina Odena, en pugna en más de un punto con
Teresa...
(Todo acto o voz genial viene del pueblo
y va hacia él, de frente o transmitidos
por incesantes briznas, por el humo rosado
de amargas contraseñas sin fortuna).   55
Así tu criatura, miliciano, así tu exangüe criatura,
agitada por una piedra inmóvil,
se sacrifica, apártase,
decae para arriba y por su llama incombustible sube,
sube hasta los débiles   60
distribuyendo españas a los toros,
toros a las palomas...

43-44 Esta misma frase fue pronunciada por Vallejo en su ponencia
ante el II Congreso de Intelectuales Antifascistas, en Valencia, julio de
1937. La frase en el congreso hacía referencia al compromiso del escritor.
En el poema Vallejo la pone en boca de Cervantes.

46 Antonio Coll se convirtió en una granada humana atándose dinami-
ta a la cintura y así destruir los tanques nacionales. Vallejo lo cita en su
artículo «Enunciados populares de la Guerra de España». Este mismo personaje se convertirá en Ramón Collar en el poema «VIII» de *EspAC*.

51 Lina Odena fue una heroína caída en una emboscada entre Granada
y Guadix. L. Varela y José Plá y Beltrán, entre otros, le dedicaron distintos poemas. Cfr., *Romancero de la guerra civil*, Madrid, Ediciones La Torre, 1978, (selección, introducción y notas de Francisco Caudet), págs. 77
y 79.

Proletario que mueres de universo, ¡en que frenética
   armonía
acabará tu grandeza, tu miseria, tu vorágine im-
   pelente,
tu violencia metódica, tu caos teórico y práctico, tu
   gana   65
dantesca, españolísima, de amar, aunque sea a traición, a tu enemigo!
Liberador ceñido de grilletes,
sin cuyo esfuerzo hasta hoy continuaría sin asas la
   extensión,
vagarían acéfalos los clavos,
antiguo, lento, colorado, el día,   70
nuestros amados cascos, insepultos!
Campesino caído con tu verde follaje por el hombre,
con la inflexión social de tu meñique,
con tu buey que se queda, con tu física,
también con tu palabra atada a un palo   75
y tu cielo arrendado
y con la arcilla inserta en tu cansancio
y la que estaba en tu uña, caminando!
Constructores
agrícolas, civiles y guerreros,   80
de la activa, hormigueante eternidad: estaba escrito
que vosotros haríais la luz entornando
con la muerte vuestros ojos;
que, a la caída cruel de vuestras bocas,
vendrá en siete bandejas la abundancia, todo   85
en el mundo será de oro súbito
y el oro,

---

78 *Uña* adquiere una simbología distinta en *EspAC* frente a la que tuvo
en *T*. Mientras aquí acompaña a la «arcilla» a caminar, en *T* «XXVI» se
integran en el espacio opresivo trilceano: «Las uñas aquellas dolían/ re-
tesando los propios dedos hospicios./ De entonces crecen ellas para adentro./ Mueren para afuera,/ y al medio ni van ni vienen,/ ni van ni vienen». O en «LV»: «El miércoles, con uñas destrozadas se abre las propias
uñas».

83 Variación bíblica. Génesis (1, 30): «Y dijo Dios: Sea la luz, y fue la
luz».

fabulosos mendigos de vuestra propia secreción de
    sangre,
y el oro mismo será entonces de oro!

Se amarán todos los hombres   90
y comerán tomados de las puntas de vuestros pañue-
    los tristes
y beberán en nombre
de vuestras gargantas infaustas!
Descansarán andando al pie de esta carrera,
sollozarán pensando en vuestras órbitas, venturosos   95
serán y al son
de vuestro atroz retorno, florecido, innato,
ajustarán mañana sus quehaceres, sus figuras so-
    ñadas y cantadas!
Unos mismos zapatos irán bien al que asciende

sin vías a su cuerpo   100
y al que baja hasta la forma de su alma!
¡Entrelazándose hablarán los mudos, los tullidos an-
    darán!
¡Verán, ya de regreso, los ciegos
y palpitando escucharán los sordos!
¡Sabrán los ignorantes, ignorarán los sabios!   105
¡Serán dados los besos que no pudisteis dar!
¡Sólo la muerte morirá! ¡La hormiga
traerá pedacitos de pan al elefante encadenado
a su brutal delicadeza; volverán
los niños abortados a nacer perfectos, espaciales   110
y trabajarán todos los hombres,

90-94 En su libro *Rusia ante el segundo plan quinquenal* escribe Vallejo en su página 91: «La sustancia primera de la revolución es el amor.
Pero mañana, cuando la lucha pase —puesto que esa es la ley de la historia—, la forma del amor será el abrazo definitivo de todos los hombres». Además Isaías (19, 22): «Revivirán los muertos, sus cadáveres re-
surgirán, despertarán y darán gritos de júbilo los moradores del polvo».
    104 Nueva utilización bíblica, Isaías (29, 18).
    105 Variación sobre Isaías (35, 5-6).
    106 Variación sobre el versículo de Isaías (25, 8).
    107 *Ibídem.*
    110 Variación sobre el versículo de Mateo (6, 12).

engendrarán todos los hombres,
comprenderán todos los hombres!

Obrero, salvador, redentor nuestro,
perdónanos, hermano, nuestras deudas!   115
Como dice un tambor al redoblar, en sus adagios:
¡Qué jamás tan efímero, tu espalda!
¡qué siempre tan cambiante, tu perfil!

Voluntario italiano, entre cuyos animales de batalla
un león abisinio va cojeando!   120
Voluntario soviético, marchando a la cabeza de tu
     pecho, universal!
Voluntarios del sur, del norte, del oriente
y tú, el occidental, cerrando el canto fúnebre del alba!
Soldado conocido, cuyo nombre desfila en el sonido
     de un abrazo!   125
Combatiente que la tierra criara, armándote
de polvo,
calzándote de imanes positivos,
vigentes tus creencias personales,
distinto de carácter, íntima tu férula,
el cutis inmediato,   130
andándote tu idioma por los hombros
y el alma coronada de guijarros!

Voluntario fajado de tu zona fría,
templada o tórrida,
héroes a la redonda,   135
víctima en columna de vencedores:
en España, en Madrid, están llamando
a matar, voluntarios de la vida!

Porque en España matan, otros matan
al niño, a su juguete que se para,   140
a la madre Rosenda esplendorosa,
al viejo Adán que hablaba en alta voz con su caballo

---

140 En el sentido americano de *erectus*.
142 Vallejo aglutina en unos pocos versos a las víctimas de las tropas
republicanas. Al «niño», al «juguete» a la «madre Rosenda», en clara alu-

y al perro que dormía en la escalera.
Matan al libro, tiran a sus verbos auxiliares,
a su indefensa página primera!   145
Matan al caso exacto de la estatua,
al sabio, a su bastón, a su colega,
al barbero de al lado —me cortó posiblemente,
pero buen hombre y, luego, infortunado;
al mendigo que ayer cantaba enfrente,   150
a la enfermera que hoy pasó llorando,
al sacerdote a cuestas con la altura tenaz de sus
   rodillas...

Voluntarios,
por la vida, por los buenos, matad
a la muerte, matad a los malos!   155
Hacedlo por la libertad de todos,
del explotado y del explotador,
por la paz indolora —la sospecho
cuando duermo al pie de mi frente
y más cuando circulo dando voces—   160
y hacedlo, voy diciendo,
por el analfabeto a quien escribo,
por el genio descalzo y su cordero,
por los camaradas caídos,
sus cenizas abrazadas al cadáver de un camino!   165

Para que vosotros,
voluntarios de España y del mundo, viniérais,

_____
sión incaica y al «viejo Adán». Además nueva desmitificación bíblica del
Génesis (2, 19): «Yahveh Dios formó del suelo todos los animales del campo y todas las aves del cielo y los llevó ante el hombre para ver cómo los
llamaba».
   155 La utilización del imperativo corresponde muy íntimamente con
la poesía de la época, aunque en Vallejo, no pueda ser calificada su poesía
como de «consigna». En la producción poética de estos años (Alberti, Neruda, Guillén, Aleixandre...) abunda esta forma verbal. Véase [Ande desnudo, en pelo, el millonario...] de *[PH]*.
   157 Esta actitud diferencia grandemente la poesía vallejiana del resto
de la producida durante los años 36-39. La idea aquí expresada se repetirá
en todo el libro, siendo una de las características temáticas más definito-
rias de su poesía.

soñé que era yo bueno, y era para ver
vuestra sangre, voluntarios...
De esto hace mucho pecho, muchas ansias,   170
muchos camellos en edad de orar,
Marcha hoy de vuestra parte el bien ardiendo,
os siguen con cariño los reptiles de pestaña inma-
    nente
y, a dos pasos, a uno,
la dirección del agua que corre a ver su límite antes
    que arda.   175

168 Compárese con el famosísimo «Autorretrato» machadiano. Si Antonio Machado dice «soy en el buen sentido de la palabra bueno», Vallejo
aspira a conseguirlo. El proceso de gigantización del espacio exterior conlleva una igualación del interior.

171 Una nueva presencia de la cultura cristiana. Alusión al saludo de
los Reyes Magos, pero en este caso a quien adoran es al pueblo español.

II

Hombre de Estremadura,
oigo bajo tu pie el humo del lobo,
el humo de la especie,
el humo del niño,
el humo solitario de dos trigos,   5
el humo de Ginebra, el humo de Roma, el humo de
     Berlín,
y el de París y el humo de tu apéndice penoso
y el humo que, al fin, sale del futuro.
¡Oh vida! ¡Oh tierra! ¡Oh España!
¡Onzas de sangre,   10
metros de sangre, líquidos de sangre,

---

1 *Estremadura: sic* en MS. En éste y los demás casos, al igual que *estremeño.*

1 Aquí se inicia un proceso de concreción que será constante en todo
el libro. Badajoz cae en poder de las tropas nacionales el 14 de agosto de
1936. Vallejo se refiere también a los extremeños en su artículo «Los
enunciados populares de la guerra española»: «Hombres y mujeres se lan-
zaban por las rutas de Somosierra y de Extremadura, en un movimiento
delirante, de un desorden genial de gesta antigua al encuentro de los rebeldes. Un Estado de gracia —así podríamos llamarlo— pocas veces dado
a pueblo alguno en la historia y sí explicable en la naturaleza sensible,
directa y como adánica del pueblo español, hizo posible que este pueblo
recibiera, desde el primer momento, certeramente, los objetivos reales de
la insurrección fascista [...]».

28 La presencia de un símbolismo volátil contrapuesto al sólido trilceano, adquiere en estos versos una presencia obsesiva. El *humo,* junto
con el *polvo,* el *fuego* y *España* son los símbolos fundamentales de
EspAC. Todos integrados en la utopía vallejiana.

11 Una variación de estos versos se encuentra en el poema «Crecida»
de Blas de Otero en su libro *Ángel fieramente humano.*

sangre a caballo, a pie, mural, sin diámetro,
sangre de cuatro en cuatro, sangre de agua
y sangre muerta de la sangre viva!

Estremeño, ¡oh no ser aún ese hombre   15
por el que te mató la vida y te parió la muerte
y quedarse tan sólo a verte así, desde este lobo,
cómo sigues arando en nuestros pechos!
¡Estremeño, conoces
el secreto en dos voces, popular y táctil,   20
del cereal: ¡que nada vale tanto
una gran raíz en trance de otra!
Estremeño acodado, representando el alma en su
    retiro,
acodado a mirar
el caber de una vida en una muerte!   25
¡Estremeño, y no haber tierra que hubiere
el peso de tu arado, ni más mundo
que el color de tu yugo entre dos épocas; no haber
el orden de tus póstumos ganados!
¡Estremeño, dejásteme   30
verte desde este lobo, padecer,
pelear por todos y pelear
para que el inviduo sea un hombre,
para que los señores sean hombres,
para que todo el mundo sea un hombre, y para   35
que hasta los animales sean hombres,
el caballo, un hombre,
el reptil, un hombre,
el buitre, un hombre honesto,
la mosca, un hombre, y el olivo, un hombre   40

---

17 El lobo como inicio de la especie humana se encuentra conectado
con la acción del humo en el segundo verso del poema. Vallejo en un proceso de gulliverización se asocia con él, pero en el primer verso de la estrofa esta dicotomía espacio exterior/interior, ya está rota por la presencia del adverbio temporal con lo que no desaparece el equilibrio entre los
dos espacios.
31 Véase nota anterior.

256

y hasta el ribazo, un hombre
y el mismo cielo, todo un hombrecito!

Luego, retrocediendo desde Talavera,
en grupos de uno a uno, armados de hambre, en ma-
    sas de a uno,
armados de pecho hasta la frente,   45
sin aviones, sin guerra, sin rencor,
el perder a la espalda,
y el ganar
más abajo del plomo, heridos mortalmente de honor,
locos de polvo, el brazo a pie,   50
amando por las malas,
ganando en español toda la tierra,
retroceder aún, y no saber
dónde poner su España,
dónde ocultar su beso de orbe,   55
dónde plantar su olivo de bolsillo!

Mas desde aquí, más tarde,
desde el punto de vista de esta tierra,
desde el duelo al que fluye el bien satánico,
se ve la gran batalla de Guernica.   60
¡Lid a priori, fuera de la cuenta,
lid en paz, lid de las almas débiles
contra los cuerpos débiles, lid en que el niño pega,
sin que le diga nadie que pegara,
bajo su atroz diptongo   65
y bajo su habilísimo pañal,

---

43 Talavera es ocupada el 23 de agosto de 1936.
44 Prácticamente esta es la idea del poema «Masa».
51 Véase nota 157 a «Himno a los voluntarios de la República».
52 Véase nota 2-8.
56 De nuevo una alusión bíblica desmitificada. El olivo en el cual oró Cristo en el huerto de Getsemaní es aquí «olivo de bolsillo», humanizándose el sufrimiento. Este proceso de desmitificación es constante en el libro.
60 Guernica es destruida el 26 de abril de 1937.

y en que la madre pega con su grito, con el dorso de
    una lágrima
y en el que el enfermo pega con su mal, con su pas-
    tilla y su hijo
y en que el anciano pega
con sus canas, sus siglos y su palo   70
y en que pega el presbítero con dios!
¡Tácitos defensores de Guernica!
¡Oh débiles!
¡Oh suaves ofendidos
que os eleváis, crecéis y llenáis de poderosos débiles
    el mundo!   75

En Madrid, en Bilbao, en Santander,
los cementerios fueron bombardeados,
y los muertos inmortales,
de vigilantes huesos y hombro eterno, de las tumbas,
los muertos inmortales, de sentir, de ver, de oír   80
tan bajo el mal, tan muertos a los viles agresores,
reanudaron entonces sus penas inconclusas,
acabaron de llorar, acabaron
de sufrir, acabaron de vivir,
acabaron, en fin, de ser mortales!   85

¡Y la pólvora fue, de pronto, nada,
cruzándose los signos y los sellos,
y a la explosión salióle al paso un paso,
y al vuelo a cuatro patas, otro paso
y al cielo apocalíptico, otro paso   90
y a los siete metales, la unidad,
sencilla, justa, colectiva, eterna.

Málaga sin padre ni madre
ni piedrecilla, ni horno, ni perro blanco!

    76 Bilbao es ocupada el 19 de junio de 1937. Santander el 26 de agos-
to. El ataque sobre Madrid se inició el 29 de noviembre de 1936. Durante
más de dos años supo resistir a las tropas nacionales, lo que permitió que
terminara convirtiéndose en un símbolo republicano.
    93 Málaga es ocupada el 10 de febrero de 1937.

Málaga sin defensa, donde nació mi muerte dando
    pasos   95
y murió de pasión mi nacimiento!
¡Málaga caminando tras de tus pies, en éxodo,
bajo el mal, bajo la cobardía, bajo la historia cónca-
    va, indecible,
con la yema en tu mano: tierra orgánica!
y la clara en la punta del cabello: todo el caos!   100
¡Málaga huyendo
de padre a padre, familiar, de tu hijo a tu hijo,
a lo largo del mar que huye del mar,
a través del metal que huye del plomo,
a ras del suelo que huye de la tierra   105
y a las órdenes ¡ay!
de la profundidad que te quería!
¡Málaga a golpes, a fatídico coágulo, a bandidos, a
    infiernazos,
a cielazos,
andando sobre duro vino, en multitud,   110
sobre la espuma lila, de uno en uno,
sobre huracán estático y más lila,
y al compás de las cuatro órbitas que aman
y de las dos costillas que se matan!
¡Málaga de mi sangre diminuta   115
y mi coloración a gran distancia,
la vida sigue con tambor a tus honores alazanes,
con cohetes, a tus niños eternos
y con silencio a tu último tambor,

---

95 Juan García Oliver («El calvario trágico de un pueblo entre Málaga
y Almería» en *Nuestra España* de 9, marzo, 1937; y *Repertorio Ameri-*
cano de 1, mayo, 1937) relata así el éxodo malagueño: «Los cadáveres se
amontonaban en la carretera. En medio de un ruido atronador, bajo los
obuses y las bombas, jadeante, con los pies heridos, un rebaño sangriento
avanzaba, perdida ya toda característica humana. El pánico provocó una
locura colectiva de heroísmo individual. Muchos que no podían dar un
paso más, mataban a sus hijos para que no cayesen en manos del fascismo, y se precipitaban luego bajo las ruedas de los coches y los camiones.
Otros se destrozaban a mordidas los brazos y terminaban por dispararse
un tiro a la cabeza. Niños extraviados corrían llorando hasta que caían al
suelo donde sucumbían aplastados por la multitud.»

con nada, a tu alma,   120
y con más nada, a tu esternón genial!
¡Málaga, no te vayas con tu nombre!
¡Que si te vas,
te vas
toda, hacia ti, infinitamente en son total,   125
concorde con tu tamaño fijo en que me aloco,
con tu suela feraz y su agujero
y tu navaja antigua atada a tu hoz enferma
y tu madero atado a un martillo!
¡Málaga literal y malagüeña,   130
huyendo a Egipto, puesto que estás clavada,
alargando en sufrimiento idéntico tu danza,
resolviéndose en ti el volumen de la esfera,
perdiendo tu botijo, tus cánticos, huyendo
con tu España exterior y tu orbe innato!   135
¡Málaga por derecho propio
y en el jardín biológico, más Málaga!
¡Málaga, en virtud
del camino, en atención al lobo que te sigue
y en razón del lobezno que te espera!   140
¡Málaga, que estoy llorando!
¡Málaga, que lloro y lloro!

---

140 Compárese con el último poema de *EspAC:* «Cuídate».

III

PEDRO ROJAS *

Solía escribir con su dedo grande en el aire:
«¡Viban los compañeros! Pedro Rojas»,
de Miranda de Ebro, padre y hombre,
marido y hombre, ferroviario y hombre,
padre y más hombre, Pedro y sus dos muertes.   5

Papel de viento, lo han matado: ¡pasa!
Pluma de carne: lo han matado: ¡pasa!
¡Abisa a todos compañeros pronto!

Palo en el que han colgado su madero,
lo han matado;   10
lo han matado al pie de su dedo grande!
¡Han matado, a la vez, a Pedro, a Rojas!

¡Viban los compañeros
a la cabecera de su aire escrito!

---

* Ha quedado suficientemente probado el personaje en el que Vallejo
se inspira para crear Pedro Rojas, siendo uno de los cadáveres levantados
en los inicios de la guerra y en cuyos bolsillos se encontraron las palabras
con las que Vallejo iniciaba el poema. Posteriormente sólo conservó «Abisa a todos compañeros pronto». Cfr., Julio Vélez y Antonio Merino, *España en César Vallejo,* Madrid, Fundamentos, 1984, I, especialmente páginas 118-32).

9 Era bastante usual indicar el lugar en que se encontraban las fosas
comunes por medio de una estaca o un madero.

¡Viban con esta b del buitre en las entrañas   15
de Pedro
y de Rojas, del héroe y del mártir!

Registrándole, muerto, sorprendiéronle
en su cuerpo un gran cuerpo, para
el alma del mundo,   20
y en la chaqueta una cuchara muerta.

Pedro también solía comer
entre las criaturas de su carne, asear, pintar
la mesa y vivir dulcemente
en representación de todo el mundo,   25
y esta cuchara anduvo en su chaqueta,
despierto o bien cuando dormía, siempre,
cuchara muerta viva, ella y sus símbolos.
¡Abisa a todos compañeros pronto!
¡Viban los compañeros al pie de esta cuchara para
    siempre!   30

Lo han matado, obligándole a morir
a Pedro, a Rojas, al obrero, al hombre, a aquel
que nació muy niñín, mirando al cielo,
y que luego creció, se puso rojo
y luchó con sus células, sus nos, sus todavías, sus ham-
    bres, sus pedazos.   35

Lo han matado suavemente
entre el cabello de su mujer, la Juana Vásquez,
a la hora del fuego, al año del balazo
y cuando andaba ya cerca de todo.

---

15 Aunque con distinta intencionalidad Vallejo ya había utilizado esta
misma construcción en *T* «LII»: [...] esos sus días, buenos con b de bal-
dío,/ que insisten en salirse al pobre/ por la culata de la v/ dentilabial
que vela en él».

Pedro Rojas, así, después de muerto, 40
se levantó, besó su catafalco ensangrentado,
lloró por España
y volvió a escribir con el dedo en el aire:
«¡Viban los compañeros! Pedro Rojas».
Su cadáver estaba lleno de mundo. 45

IV *

Los mendigos pelean por España,
mendigando en París, en Roma, en Praga
y refrendando así, con mano gótica, rogante,
los pies de los Apóstoles, en Londres, en New York,
    en Méjico.

Los pordioseros luchan suplicando infernalmente   5
a Dios por Santander,
la lid en que ya nadie es derrotado.
Al sufrimiento antiguo
danse, encarnizándose en llorar plomo social
al pie del individuo,   10
y atacan a gemidos, los mendigos,
matando con tan solo ser mendigos.

Ruegos de infantería,
en que el arma ruega del metal para arriba,
y ruega la ira, más acá de la pólvora iracunda.   15
Tácitos escuadrones que disparan
con cadencia mortal, su mansedumbre,
desde un umbral, desde sí mismos, ¡ay! desde sí
    mismos,

---

* Vallejo ya había estudiado el problema de los mendigos en sus libros
Rusia en 1931 y *Rusia ante el segundo plan quinquenal.* Especialmente
capítulos «XII» y «Contradicción y justicia dialéctica», respectivamente.

7 Véase nota 157 a «Himno a los voluntarios de la República».

Potenciales guerreros
sin calcetines al calzar el trueno,   20
satánicos, numéricos,
arrastrando sus títulos de fuerza,
migaja al cinto,
fusil doble calibre: sangre y sangre.
¡El poeta saluda al sufrimiento armado!   25

---

25 He aquí la síntesis vallejiana de la liberación del sufrimiento por medio del «sufrimiento armado», como inherente a la propia naturaleza de los mendigos por el simple motivo de ser mendigos.

V

IMAGEN ESPAÑOLA DE LA MUERTE

Ahí pasa! ¡Llamadla! ¡Es su costado!
Ahí pasa la muerte por Irún;
sus pasos de acordeón, su palabrota,
su metro del tejido que te dije,
su gramo de aquel peso que he callado... si son ellos!   5

¡Llamadla! ¡Daos prisa! Va buscándome en los rifles,
como que sabe bien dónde le venzo,
cual es mi maña grande, mis leyes especiosas, mis có-
    digos terribles.
¡Llamadla! Ella camina exactamente como un hom-
    bre, entre las fieras,
se apoya de aquel brazo que se enlaza a nuestros pies   10
cuando dormimos en los parapetos
y se para a las puertas elásticas del sueño.
¡Gritó! ¡Gritó! ¡Gritó su grito nato, sensorial!
Gritara de vergüenza, de ver cómo ha caído entre
    las plantas,
de ver cómo se aleja de las bestias,   15
de oír cómo decimos: ¡Es la muerte!
¡De herir nuestros más grandes intereses!

---

2 Irún cayó en poder de las tropas nacionales el 20 de julio de 1937.
16 Esta utilización de la primera persona del plural con la que Vallejo
se integra con el sujeto lírico en el poema es de enorme importancia en
EspAC. Versos más adelante utiliza «dormimos, decimos», etc... En su
obra poética anterior era prácticamente inexistente.

(Porque elabora su hígado la gota que te dije, ca-
    marada;
porque se come el alma del vecino).

¡Llamadla! Hay que seguirla   20
hasta el pie de los tanques enemigos,
que la muerte es un ser sido a la fuerza,
cuyo principio y fin llevo grabados
a la cabeza de mis ilusiones,
por mucho que ella corra el peligro corriente que tú   25
que tú sabes
y que haga como que hace que me ignora.

¡Llamadla! no es un ser, muerte violenta,
sino, apenas, lacónico suceso,
más bien su modo tira, cuando ataca,   30
tira a tumulto simple, sin órbitas ni cánticos de dicha;
más bien tira su tiempo audaz, a céntimo impreciso
y sus sordos quilates, a déspotas aplausos.
Llamadla, que en llamándola con saña, con figuras,
se la ayuda a arrastrar sus tres rodillas,   35
como a veces,
a veces, duelen, punzan fracciones enigmáticas, glo-
    bales,
como, a veces, me palpo y no me siento.

¡Llamadla! ¡Daos prisa! Va buscándome,
con su coñac, su pómulo moral,   40
sus pasos de acordeón, su palabrota.

_____

40 En la entrevista que le hizo César Gónzález Ruano *(El Heraldo de
Madrid,* de 27, enero, 1931) al pedirle que recitara un poema, Vallejo leyó
unos versos en los que aparecía el sustantivo «coñac» junto con el adjetivo «flojo», González Ruano un poco sorprendido por esta construcción
le pregunta:
«—Veo, por de pronto, amigo Vallejo, algo importantísimo en un poeta, y sin cuya condición no me interesan ni los poetas, ni los prosistas, ni
las locomotoras; la precisa adjetivación: «flojo coñac».
—La precisión —dice Vallejo— me interesa hasta la obsesión. Si usted
me preguntara cuál es mi mayor aspiración en estos momentos, no po-

267

¡Llamadla! No hay que perder el hilo en que la lloro.
De su olor para arriba, ¡ay de mi polvo, camarada!
De su pus para arriba, ¡ay de mi férula, teniente!
De su imán para abajo, ¡ay de mi tumba!   45

dría decirle más que esto: la eliminación de toda palabra de existencia ac-
cesoria, la expresión pura, que hoy mejor que nunca habría que buscarla
en los sustantivos y en los verbos... ¡ya que no se puede renunciar a las
palabras!...»

En esta entrevista Vallejo habla de su primera obra de teatro *Mampar,*
que más tarde titularía *Les Taupes,* del por qué del título de *Trilce* y de
Instituto Central de Trabajo.

VI

CORTEJO TRAS LA TOMA DE BILBAO

Herido y muerto, hermano,
criatura veraz, republicana, están andando en tu
    trono,
desde que tu espinazo cayó famosamente;
están andando, pálido, en tu edad flaca y anual,
laboriosamente absorta ante los vientos.   5

Guerrero en ambos dolores,
siéntate a oír, acuéstate al pie de tu palo súbito,
inmediato de tu trono;
voltea;
están las nuevas sábanas, extrañas;   10
están andando, hermano, están andando.

Han dicho: «¡Cómo! ¡Dónde!...», expresándose
en trozos de paloma,
y los niños suben sin llorar a tu polvo.
Ernesto Zúñiga, duerme con la mano puesta,   15
con el concepto puesto,
en descanso tu paz, en paz tu guerra.

---

3 En MS Vallejo cambia «su» por «tu» para así resaltar más la fusión
entre sujeto lírico y poeta.

Herido mortalmente de vida, camarada,
camarada jinete,
camarada caballo entre hombre y fiera,   20
tus huesecillos de alto y melancólico dibujo
forman pompa española,
laureada de finísimos andrajos!

Siéntate, pues, Ernesto,
oye que están andando, aquí, en tu trono,   25
desde que tu tobillo tiene canas.
¿Qué trono?
¡Tu zapato derecho! ¡Tu zapato!

(13 septiembre 1937).

---

20 Véase nota y verso 142 a «Himno a los voluntarios de la República».
28 Esta misma imagen fue utilizada en *[PH]* en los poemas [Esto...] y [El acento me pende del zapato]. Dice así en el primero de ellos «[...] dicen que cuando mueren así los que se acaban,/ ¡ay! mueren fuera del reloj, la mano/ agarrada a un zapato solitario». En el segundo, *zapato* está también relacionado con la muerte. Sin embargo, en *EspAC, zapato* está inmerso en el mundo utópico vallejiano, variando, pues, su simbolismo. En el poema inicial del libro (vv. 100-103) dice que: «¡Unos mismos zapatos irán bien al que asciende/ sin vías a su cuerpo/ y al que baja hasta la forma de su alma.».

VII

Varios días el aire, compañeros,
muchos días el viento cambia de aire,
el terreno, de filo,
de nivel el fusil republicano,
Varios días España está española.   5

Varios días el mal
moviliza sus órbitas, se abstiene,
paraliza sus ojos escuchándolos.
Varios días orando con sudor desnudo,
los milicianos cuélganse del hombre.   10
Varios días, el mundo, camaradas,
el mundo está español hasta la muerte.

Varios días ha muerto aquí el disparo
y ha muerto el cuerpo en su papel de espíritu
y el alma es ya nuestra alma, compañeros.   15
Varios días, el cielo,
éste, el del día, el de la pata enorme.

Varios días Gijón;
muchos días, Gijón;

---

12 Nueva desmitificación vallejiana de las palabras de Cristo. En este
caso Mateo (26, 38); y Marcos (14, 34): «Mi alma está triste hasta la
muerte».

15 Véase nota 16 a «Imagen española de la muerte».

18 Gijón cae bajo el dominio nacional el 19 de octubre de 1937.

Mucho tiempo, Gijón;   20
mucha tierra, Gijón;
mucho hombre, Gijón;
y mucho dios, Gijón,
muchísimas Españas ¡ay! Gijón.

Camaradas,   25
varios días el viento, cambia de aire.

5 Noviembre 1937

VIII*

Aquí,
Ramón Collar,
prosigue tu familia soga a soga,
se sucede,
en tanto que visitas, tú, allá, a las siete espadas en
    Madrid,   5
en el frente de Madrid.

¡Ramón Collar, yuntero
y soldado hasta yerno de su suegro,
marido, hijo limítrofe del viejo Hijo del Hombre!
Ramón de pena, tú, Collar valiente   10
paladín de Madrid y por cojones; Ramonete,

---

* El personaje real sobre el cual Vallejo se inspira para crear a Ramón Collar es Antonio Coll. Véanse nota 46 a «Himno a los voluntarios de la República» e «Introducción».

6 El frente de Madrid fue todo un símbolo durante la Guerra de España. Vallejo lo cita en reiteradas ocasiones. Cantaron su gesta desde Antonio Machado o Rafael Alberti a desconocidos poetas milicianos. Cfr. *Romancero General de la Guerra de España* (Madrid-Valencia, 1937, recopilado por Emilio Prados). Véase, además, nota 76 a «II».

9 Nueva utilización de los elementos bíblicos de la cultura cristiana. En este caso Ramón Collar limita con Cristo. La alusión está llena de ironía.

11 El diminutivo que en *T*, «XXXIV» dice Vallejo que por la «mayoría en el dolor sin fin» se acaba, se recupera en *EspAC*. En «Pedro Rojas», Pedro «nació muy niñín»; Ernesto Zúñiga, tiene «huesesillos de alto y melancólico dibujo». Ramón Collar es «Ramonete». La recuperación emocional del diminutivo coincide con la presencia de símbolos volátiles y con la universalización del hogar vallejiano.

aquí,
los tuyos piensan mucho en tu peinado!

¡Ansiosos, ágiles de llorar, cuando la lágrima!
¡Y cuando los tambores, andan; hablan   15
delante de tu buey, cuando la tierra!

¡Ramón! ¡Collar! ¡A tí! ¡Si eres herido,
no seas malo en sucumbir; refrénate!
Aquí,
tu cruel capacidad está en cajitas;   20
aquí
tu pantalón oscuro, andando el tiempo,
sabe ya andar solísimo, acabarse;
aquí,
Ramón, tu suegro, el viejo,   25
te pierde a cada encuentro con su hija!

Te diré que han comido aquí tu carne,
sin saberlo,
tu pecho, sin saberlo,
tu pie;   30
pero cavilan todos en tus pasos coronados de polvo!

14 La estrofa en su conjunto es una metáfora múltiple e interrelacio-
nada. Vallejo utiliza con cierta frecuencia esta figura literaria. Relaciona
el dolor («la lágrima») con los tanques («los tambores») y el sacrificio y
la labor campesinas («el buey»). Pero, a su vez, frente a la lágrima, Ramón Collar tiene agilidad, virtud imprescindible para enfrentarse a los
tanques; delante de su buey, habla, es decir, realiza una de las funciones
humanas diferenciadoras. Y todo ello sucede cuando la tierra «anda», cuando el mundo (España) se pone en marcha.

17 Al igual que con Pedro Rojas que matan a «Pedro» y a «Rojas»,
aquí Vallejo de nuevo hace múltiple el cuerpo de Ramón Collar llamán-
dole por sus dos nombres. Ernesto Zúñiga, al igual que ellos, es «guerrero en ambos dolores».

20 Véase nota 11.

23 Frente al espacio fragmentario de su realidad inmediata parisina que
tiene en el poema «París, octubre 1936» un claro ejemplo, Ramón Collar
tiene un «pantalón oscuro» que «sabe ya andar solísimo». ,
Si las cosas y el hombre no se fusionan en el entorno vallejiano de la
fragmentación, en *España* este proceso alienatorio de cosas y hombres tiene un sentido liberador.

31 Véanse notas 23 y 2-8 a «II».

Han rezado a Dios,
aquí;
se han sentado en tu cama, hablando a voces
entre tu soledad y tus cositas;   35
no sé quién ha tomado tu arado, no sé quien
fue a ti, ni quien volvió de tu caballo!

Aquí, Ramón Collar, en fin, tu amigo!
Salud, hombre de Dios, mata y escribe.

(10 septiembre 1937)

---

35 Véase nota 11.

36, 37 No sólo las cosas y el hombre se fusionan en el espacio vallejiano de *EspAC,* sino fundamentalmente los hombres entre sí. Si Ramón
Collar falta al trabajo, por estar en el frente de Madrid, otro ocupa su lugar.

39 Esta misma expresión idiomática, propia del léxico comunista de la
época, fue también utilizada por Vallejo en [Los mineros salieron de la
mina...] de *[PH]* Véase su nota 24.

IX

PEQUEÑO RESPONSO
A UN HÉROE DE LA REPÚBLICA

Un libro quedó al borde de su cintura muerta,
un libro retoñaba de su cadáver muerto.
Se llevaron al héroe,
y corpórea y aciaga entró su boca en nuestro aliento;
sudamos todos, el hombligo a cuestas;   5
caminantes las lunas nos seguían;
también sudaba de tristeza el muerto.

Y un libro en la batalla de Toledo,
un libro, atrás un libro, arriba un libro, retoñaba del
    cadáver.

Poesía del pómulo morado, entre el decirlo   10
y el callarlo,
poesía en la carta moral que acompañara
a su corazón.
Quedóse el libro y nada más, que no hay   15

---

5 Véase nota 16 a «Imagen española de la muerte». La integración de todos los seres en el poema, alcanza al propio cadáver.

Nueva utilización que recuerda la frase «con la cruz a cuestas» del Vía Crucis y el cuarto misterio doloroso del Rosario. Aquí la desmitificación se encuentra en el vocablo «ombligo», órgano que es necesario extirpar para vivir.

8 Toledo fue tomada por las tropas nacionales el 27 de septiembre de 1937.

14, 17 Incluso el libro que retoña del cadáver se convierte en un símbolo

insectos en la tumba,
y quedó al borde de su manga el aire remojándose,
y haciéndose gaseoso, infinito.

Todos sudamos, el hombligo a cuestas,
también sudaba de tristeza el muerto
y un libro, yo lo vi sentidamente,   20
un libro, atrás un libro, arriba un libro
retoñó del cadáver exabrupto.

(10 septiembre 1937)

---

volátil. El gran símbolo vallejiano del hombre cultura se hace «gaseoso,
infinito». El tema de la resurrección de cadáveres fue tratado también por
otros poetas. Para Leopoldo Urrutia («Leopoldo de Luis») en su poema
«Elegía a un minero asturiano muerto en la sierra de Guadarrama» *(Romancero General de la Guerra de España,* págs. 94-96) el poeta promete
la resurrección «en forma de pino y aroma de romero». Alberti transforma a los milicianos muertos en trigo y Castelao en semillas. Vicente Aleixandre *(Romancero de la Guerra Civil,* pág. 76) en su romance «El fusilado», dedicado a José Lorente Granero dice que José «no murió; como
no/morirá jamás el pueblo». Pero la gran aportación vallejiana es la transformación cultural de los cadáveres en un producto que continúa vivo y
difundiéndose. Producto material y cultural ya que, como recuerda J. Franco *(op. cit.,* pág. 339) el término *líber* designa por igual «libro» y «corteza de árbol». En una versión anterior de este poema (v. 2 de MS), Vallejo lo calificaba como «libro con rango de honda fibra o filamento».

22 *retoñó:* aunque en otras ediciones (posible errata, por ejemplo en
Obra poética Completa, Madrid, Alianza, 1982, comp. Américo Ferrari)
no se acentúa por lo que pierde su carácter de verbo y se sustantiviza. Tanto en MS como en Monserrat aparece acentuado. La importancia de la tilde es indudable, puesto que como verbo adquiere un sentido de renovación y reproducción que no tiene sin ella. Vallejo en MS altera todo el
verso en el que «exabrupto» cumplía una función sustantiva; en la versión definitiva, la cumple adverbial.

X

INVIERNO EN LA BATALLA DE TERUEL*

Cae agua de revólveres lavados!
Precisamente,
es la gracia metálica del agua,
en la tarde nocturna en Aragón,
no obstante las construídas yerbas,   5
las legumbres ardientes, las plantas industriales.

Precisamente,
es la rama serena de la química,
la rama de explosivos en un pelo,
la rama de automóviles en frecuencias y adioses.   10

Así responde el hombre, así la muerte,
así mira de frente y escucha de costado,
así el agua, al contrario de la sangre, es de agua,
así el fuego, al revés de la ceniza, alisa sus rumiantes
    ateridos.

---

* Teruel cae en manos de las tropas franquistas el 22 de febrero de
1938. Previamente (el 24 de diciembre) fue tomada, pero consiguieron ex-
pulsar a los rebeldes. Vallejo en el poema debe referirse a esta última
fecha.

14 *fuego* es señalado en tanto que elemento móvil, contraponiéndose
con *cenizas,* como elemento estático. Giovanni Meo Zilio (*Stile e poesía
in César Vallejo,* Padua, Liviana, 1960) entiende que *fuego* es una de las
imágenes dominantes en *EspAC.* Siendo ello completamente cierto no lo
es menos que adquiere un carácter fundamentalmente volátil.

¿Quién va bajo la nieve? ¿Están matando? No.   15
Precisamente,
va la vida coleando, con su segunda soga.

¡Y horrísima es la guerra, solivianta,
lo pone a uno largo, ojoso;
da tumba la guerra, de caer   20
da dar un salto extraño de antropoide!
Tú lo hueles, compañero, perfectamente,
al pisar
por distracción tu brazo entre cadáveres;
tú lo ves, pues tocaste tus testículos, poniéndote ro-
    jísimo;   25
tú lo oyes, en tu boca de soldado natural.

Vamos, pues, compañero;
nos espera tu sombra apercibida,
nos espera tu sombra acuartelada,
mediodía capitán, noche soldado raso...   30
Por eso, al referirme a esta agonía,
aléjome de mí gritando fuerte:
¡Abajo mi cadáver!... Y sollozo.

---

15 En opinión de J. Franco (*op. cit.*, pág. 355), Vallejo debería conocer
la historia de Juan Marcos, héroe de Teruel y tenerla en cuenta en el momento de escribir estos versos. Juan Marcos caminó bajo la nieve hasta
morir.

26 Para Vallejo el miliciano español es «soldado natural», es decir, es-
pontáneo. Escribe en «Los enunciados populares de la guerra española»
que «el heroísmo del soldado español brota, por el contrario [lo contrapone al heroísmo del soldado desconocido], de una impulsión espontánea, apasionada, directa del ser humano. Es un acto reflejo, medular, com-
parable al que él mismo ejecutaría, defendiendo, en circunstancias corrien-
tes, su vida individual».

XI

Miré el cadáver, su raudo orden visible
y el desorden lentísimo de su alma;
le vi sobrevivir; hubo en su boca
la edad entrecortada de dos bocas.
Le gritaron su número: pedazos,   5
Le gritaron su amor: ¡más le valiera!
Le gritaron su bala: ¡también muerta!

Y su orden digestivo sosteníase
y el desorden de su alma, atrás, en balde.
Le dejaron y oyeron, y es entonces   10
que el cadáver
casi vivió en secreto, en un instante;
mas le auscultaron mentalmente, ¡y fechas!

(3 septiembre 1937)

3-4 Esta misma idea ya la había ampliado en [Un hombre está mirando a una mujer...] de *[PH]* en el que la alusión a la visión material de la
familia es bastante evidente.

13 En MS (y en todas las ediciones salvo ésta) hay un verso de más:
«lloráronle al oído, ¡y también fechas!». Desde luego, en mi opinión, el
texto de Monserrat en el cual me baso es posterior a MS, y por tanto,
más fiable. Pero no sería imposible —aunque extraña— una errata.

XII*

MASA

Al fin de la batalla,
y muerto el combatiente, vino hacia él un hombre
y le dijo: «No mueras; te amo tanto!»
Pero el cadáver ¡ay! siguió muriendo.

Se le acercaron dos y repitiéronle: 5
«¡No nos dejes! ¡Valor! ¡Vuelve a la vida!»
Pero el cadáver ¡ay! siguió muriendo.

Acudieron a él veinte, cien, mil, quinientos mil,
clamando: «¡Tanto amor y no poder nada contra la
    muerte!»
Pero el cadáver ¡ay! siguió muriendo.   10

---

*A. Coyné (*César Vallejo y su obra poética,* Lima, Letras peruanas, 1957,
págs. 258 y 312) plantea la posibilidad de que este poema hubiera sido
escrito en 1929 o 1930, resistiéndose, sin embargo, a asegurarlo. Sobejano
(«Poesía del cuerpo en *Poemas Humanos,* en *ACV,* pág. 189), entiende
que «el poema es en sí mismo [...] valedero para todo hombre [...] y para
César Vallejo, combatiente en su íntima batalla, en su física y metafísica
agonía», con lo que parece no darle demasiada importancia a la fecha. El
poema entiendo que pertenece al mundo poético de *EspAC* independientemente de su primera redacción. Todos los poemas vallejianos de *EspAC* fueron profusamente retocados. El poema se encuentra plagado de
variaciones bíblicas, especialmente Juan (11, 43-44). Hay dos indicios re-
feridos a la resurrección de Lázaro y un completo abuso de locuciones
evangélicas.

Le rodearon millones de individuos,
con un ruego común: «¡Quédate hermano!»
Pero el cadáver ¡ay! siguió muriendo.

Entonces todos los hombres de la tierra
le rodearon; les vio el cadáver triste, emocionado;   15
incorporóse lentamente,
abrazó al primer hombre; echóse a andar...

(10 noviembre 1937)

XIII

REDOBLE FÚNEBRE
A LOS ESCOMBROS DE DURANGO*

Padre polvo que subes de España,
Dios te salve, libere y corone,
padre polvo que asciendes del alma.

Padre polvo que subes del fuego,
Dios te salve, te calce y dé un trono,   5
padre polvo que estás en los cielos.

Padre polvo, biznieto del humo,
Dios te salve y ascienda a infinito,
padre polvo, biznieto del humo.

---

* Durango fue bombardeada el 31 de marzo de 1937. Si previamente había sido famosa por ser la ciudad en la que don Carlos había decretado, en 1834, que todos los extranjeros que fueran detenidos en armas contra él fueran ejecutados sin juicio. A partir de su bombardeo tiene el privilegio de ser, además, la primera ciudad indefensa bombardeada en Europa. Cfr. Hugh Thomas: *La guerra civil española,* Barcelona, Grijalbo, 1976, II, págs. 662-669.

En esta oración profana el símbolo *polvo* adquiere toda su intensidad. Variaciones sobre el capítulo 6 de Mateo.

4 En este verso, Vallejo une tres símbolos fundamentales junto con *España*. El verso provoca una auténtica catarata de metáforas. El fuego no produce humo, sino polvo. El polvo no puede proceder más que del «mundo que anda», es decir, de España; y España a su vez, se metamorfosea en fuego.

7 Igual procedimiento estilístico que confirma aún más la nota anterior.

Padre polvo en que acaban los justos,
Dios te salve y devuelva a la tierra,
padre polvo en que acaban los justos.

10

Padre polvo que creces en palmas,
Dios te salve y revista de pecho,
padre polvo, terror de la nada.

15

Padre polvo, compuesto de hierro,
Dios te salve y te dé forma de hombre,
padre polvo que marchas ardiendo.

Padre polvo, sandalia del paria,
Dios te salve y jamás te desate,
padre polvo, sandalia del paria.

20

Padre polvo que avientan los bárbaros,
Dios te salve y te ciña de dioses,
padre polvo que escoltan los átomos.

Padre polvo, sudario del pueblo,
Dios te salve del mal para siempre,
padre polvo español, padre nuestro!

25

Padre polvo que vas al futuro,
Dios te salve, te guíe y te dé alas,
padre polvo que vas al futuro.

30

XIV

ESPAÑA, APARTA DE MÍ ESTE CÁLIZ*

Niños del mundo,
si cae España —digo, es un decir—
si cae
del cielo abajo su antebrazo que asen,
en cabestro, dos láminas terrestres;   5
niños, ¡qué edad la de las sienes cóncavas!
¡qué temprano en el sol lo que os decía!
¡qué pronto en vuestro pecho el ruido anciano!
¡qué viejo vuestro 2 en el cuaderno!

---

* Variación sobre Mateo (26, 5), Marcos (14, 30) y Lucas (22, 34).

1 Durante las reuniones del «II Congreso de Intelectuales Antifascistas», en julio de 1937, algunos delegados —entre ellos Vallejo— visitaron el frente de Madrid y conversaron con los milicianos. Él volvió con fotografías de víctimas, muchas de ellas niños, y el 12 de julio emprendió viaje de regreso a París en el mismo tren que según su viuda transportaba los restos de Gerda Taro, «frágil periodista y fotógrafo [...] atropellada por un tanque franquista en el frente de Brunete» (*op. cit.,* pág. 172). Cfr.: Vélez y Merino (*op. cit.,* págs. 117-122). Las fotografías de los niños se encuentran incluidas en *Visión de Perú,* número 4, págs. 252-271. Algunas de las fotografías tomadas por Gerda Taro en Robert Capa: *Death in the Making* (Nueva York, 1937).
9 A lo largo de todo el poema la presencia de la cultura como liberación es reiterada en diversas ocasiones: «Madre y maestra» (v. 13); «en palote el diptongo» (v. 22); «bajar las gradas del alfabeto» (v. 25), «lápices sin punta» (v. 49).

¡Niños del mundo, está   10
la madre España con su vientre a cuestas;
está nuestra madre con sus férulas,
está madre y maestra,
cruz y madera, porque os dio la altura,
vértigo y división y suma, niños;   15
está con ella, padres procesales!

Si cae —digo, es un decir— si cae
España, de la tierra para abajo,
niños ¡cómo vais a cesar de crecer!
¡cómo va a castigar el año al mes!   20
¡cómo van a quedarse en diez los dientes,
en palote el diptongo, la medalla en llanto!
¡Cómo va el corderillo a continuar
atado por la pata al gran tintero!
¡Cómo vais a bajar las gradas del alfabeto   25
hasta la letra en que nació la pena!

Niños,
hijos de los guerreros, entre tanto,
bajad la voz que España está ahora mismo repar-
    tiendo
la energía entre el reino animal,   30
las florecillas, los cometas y los hombres.
¡Bajad la voz, que está
con su rigor, que es grande, sin saber
qué hacer, y está en su mano
la calavera hablando y habla y habla,   35
la calavera, aquélla de la trenza,
la calavera, aquélla de la vida!

¡Bajad la voz, os digo;
bajad la voz, el canto de las sílabas, el llanto
de la materia y el rumor menor de las pirámides,
    y aún   40

---

35 Alusión al famoso monólogo de Hamlet. De nuevo una variación,
puesto que aquí es la calavera la que habla.

el de las sienes que andan con dos piedras!
¡Bajad el aliento, y si
el antebrazo baja,
si las férulas suenan, si es la noche,
si el cielo cabe en dos limbos terrestres,   45
si hay ruido en el sonido de las puertas,
si tardo,
si no veis a nadie, si os asustan
los lápices sin punta, si la madre
España cae —digo, es un decir—,   50
salid, niños del mundo; id a buscarla!...

---

51 Compárese este poema con «III» de *T*. Si en «III» dice el sujeto lírico convertido en niño: «Aguardemos así, obedientes y sin más/ remedio, la vuelta [...]» puesto que fuera del hogar «está muy oscuro» y «las gallinas que se están acostando todavía/, se han espantado tanto». En una situación tal de miedo el niño no puede más que decir, «Mejor estemos aquí no más». En estos versos el sujeto lírico (cuyo espacio se ha universalizado) aconseja justamente lo opuesto.

XV*

¡Cuídate España, de tu propia España!
¡Cuídate de la hoz sin el martillo!
¡Cuídate del martillo sin la hoz!
¡Cuídate de la víctima a pesar suyo,
del verdugo a pesar suyo   5
y del indiferente a pesar suyo!
¡Cuídate del que, antes de que cante el gallo,
negárate tres veces,
y del que te negó, después, tres veces!
¡Cuídate de las calaveras sin las tibias,   10
y de las tibias sin las calaveras!
¡Cuídate de los nuevos poderosos!
¡Cuídate del que come tus cadáveres,
del que devora muertos a tus vivos!
¡Cuídate del leal ciento por ciento!   15
¡Cuídate del cielo más acá del aire
y cuídate del aire más allá del cielo!
¡Cuídate de los que te aman!

---

* Todo el poema es un canto contra el espacio fragmentado en el que se pide que el equilibrio termine perdurando. Hay evidentes alusiones a las luchas intestinas del Frente Popular.

5 Nueva presencia de «amor universal».
7 Variación bíblica: Mateo (2, 6); Marcos (14, 30); Lucas (22, 34). La misma imagen fue utilizada en *T*, «LXI». Aparece también el gallo, pero en este caso «inocente». En *T*, «XIX» y en el mismo poema como «gallo incierto».

¡Cuídate de tus héroes!
¡Cuídate de tus muertos!　　　　20
¡Cuídate de la República!
¡Cuídate del futuro!...

Colección Letras Hispánicas